综合交通规划设计丛书

城市道路品质提升建设指引与实践
——以深圳市为例

CHENGSHI DAOLU PINZHI TISHENG
JIANSHE ZHIYIN YU SHIJIAN
—— YI SHENZHEN SHI WEILI

何晖宇 姜 培 马泽彬 著

人民交通出版社股份有限公司
北京

内 容 提 要

本书主要基于当前我国城市道路建设相关政策解读,依托深圳市城市道路品质提升工程建设实践,全面总结了当前城市道路品质提升建设内容,分别从车行系统、慢行交通系统、景观绿化、附属设施四个方面提出相关建设指引,并介绍了城市道路品质提升典型案例,为城市道路品质提升建设提供指导与建议。

本书可供城市交通相关从业人员参考使用,亦可供高等院校相关专业师生学习与参考。

图书在版编目(CIP)数据

城市道路品质提升建设指引与实践:以深圳市为例/何晖宇,姜培,马泽彬著.—北京:人民交通出版社股份有限公司,2023.6

ISBN 978-7-114-18703-2

Ⅰ.①城… Ⅱ.①何…②姜…③马… Ⅲ.①城市道路—道路建设—研究—中国 Ⅳ.①U412.37

中国国家版本馆 CIP 数据核字(2023)第 047364 号

综合交通规划设计丛书

书　　名:	城市道路品质提升建设指引与实践——以深圳市为例
著 作 者:	何晖宇　姜　培　马泽彬
责任编辑:	杨　思
责任校对:	孙国靖　宋佳时
责任印制:	张　凯
出版发行:	人民交通出版社股份有限公司
地　　址:	(100011)北京市朝阳区安定门外外馆斜街 3 号
网　　址:	http://www.ccpcl.com.cn
销售电话:	(010)59757973
总 经 销:	人民交通出版社股份有限公司发行部
经　　销:	各地新华书店
印　　刷:	北京虎彩文化传播有限公司
开　　本:	787×1092　1/16
印　　张:	12.25
字　　数:	250 千
版　　次:	2023 年 6 月　第 1 版
印　　次:	2023 年 6 月　第 1 次印刷
书　　号:	ISBN 978-7-114-18703-2
定　　价:	72.00 元

(有印刷、装订质量问题的图书,由本公司负责调换)

编写委员会

主　　　编　　何晖宇　姜　培　马泽彬

副　主　编　　梁婉婷　刘雅雯　谢　辉

参加编写人员　贺　晗　沈　伟　张艳东

　　　　　　　黄文居　吴海瑜　张　行

　　　　　　　张俊杰　农思敏　曹　磊

　　　　　　　周　月　高夏冰　应　聘

编　写　单　位　深圳市综合交通与市政工程设计研究总院有限公司

支　持　单　位　深圳市交通运输局

前言
PREFACE

进入21世纪以来,建设充满活力、注重和谐、可持续发展的城市,已成为全社会的共同目标。2015年中央城市工作会议突出强调了"创新、协调、绿色、开放、共享"的发展理念,要求不断提升城市环境质量、人民生活质量、城市竞争力,建设和谐宜居、富有活力、各具特色的现代化城市。

在现代城市生活中,道路日益被赋予多重角色。一条理想的道路,不仅仅是供车辆、行人通行的基础设施,还应该有助于促进人们的交往与互动,能够承载人们对城市的情感和记忆,有助于推动环保、智慧的新材料、新技术的应用,有助于增强城市魅力和激发城市经济活力。但在以往的城市道路建设发展过程中主要关注系统性的道路交通功能,对以服务街区为主的慢行交通以及服务沿街活动的场所功能关注相对不足。为此,必须对既有的建设模式进行转型与创新。

本书主要基于当前我国城市道路建设相关政策解读,依托深圳市城市道路品质提升工程建设实践,全面总结了当前城市道路品质提升建设内容,分别从车行系统、慢行交通系统、景观绿化、附属设施四个方面提出相关建设指引,并介绍了城市道路品质提升典型案例,为城市道路品质提升建设提供指导与建议。

在此,对所有支持本书撰写工作的人员表示感谢,对所引用参考文献的作者表示感谢。

由于作者水平有限,书中难免有不足之处,恳请广大读者批评指正。

作 者
2023年5月

目录
CONTENTS

第1章
绪论 ········· 1

1.1 本书撰写背景 ········· 3
1.2 本书主要内容 ········· 6

第2章
车行系统建设指引 ········· 7

2.1 横断面布置类型及设计原则 ········· 9
2.2 行车道宽度 ········· 12
2.3 信号交叉口优化 ········· 19

第3章
慢行交通系统建设指引 ········· 29

3.1 人行道建设指引 ········· 31
3.2 自行车道建设指引 ········· 44
3.3 慢行交通系统过街设施建设指引 ········· 85
3.4 建筑前区建设指引 ········· 100

第 4 章
景观绿化建设指引 ·············· 103

4.1 景观绿化建设总体原则 ·············· 105
4.2 景观绿化建设定位 ·············· 107
4.3 特色花卉景观大道建设指引 ·············· 112

第 5 章
附属设施建设指引 ·············· 123

5.1 路缘石建设指引 ·············· 125
5.2 车止石建设指引 ·············· 134
5.3 井盖建设指引 ·············· 137
5.4 树池建设指引 ·············· 140
5.5 交通护栏建设指引 ·············· 144
5.6 杆件整合建设指引 ·············· 155

第 6 章
深圳市道路品质提升典型案例 ·············· 159

6.1 东部滨海旅游观光公路 ·············· 161
6.2 光明大街 ·············· 178

参考文献 ·············· 185

第 1 章

绪论

城市道路品质提升建设指引与实践
——以深圳市为例

第1章 绪论

1.1 本书撰写背景

2013年9月,《国务院关于加强城市基础设施建设的意见》(国发〔2013〕36号)的第二点第(一)条明确提出要加强城市步行和自行车交通系统建设:"城市交通要树立行人优先的理念,改善居民出行环境,保障出行安全,倡导绿色出行。设市城市应建设城市步行、自行车'绿道',加强行人过街设施、自行车停车设施、道路林荫绿化、照明等设施建设,切实转变过度依赖小汽车出行的交通发展模式。"步行和自行车交通系统建设首次被提升至国家政策层面,尤其是"行人优先"理念,也一改传统"以人为本"的笼统表述,旗帜鲜明地确立了行人在城市交通系统中的地位。

为深入贯彻落实《国务院关于加强城市基础设施建设的意见》(国发〔2013〕36号),进一步完善广东省城市基础设施建设,提高城市综合承载力、运行效率和城市发展质量,2015年6月,广东省印发了《广东省人民政府关于加快推进城市基础设施建设的实施意见》(粤府〔2015〕56号),其中第三点第(三)条要求加快步行和自行车交通系统建设,落实"行人优先"理念,按照机动车与非机动车分离、行人与非机动车分离的原则,改造或新建城市道路断面,构建连续、系统的步行和自行车交通系统;近期重点做好步行、自行车交通系统与居住区、公交枢纽、重要文体和商业等公共设施的无缝衔接,加强行人过街设施、自行车停车设施、道路❶林荫绿化、照明、标识等设施建设,切实改善出行环境,不断提高步行和自行车绿色出行比例。

2015年12月,中央城市工作会议指出将"坚持以人民为中心的发展思想,坚持人民城市为人民"作为城市工作的出发点和落脚点,要求不断提升城市环境质

---

❶ 全书"道路"系指"城市道路"。

量、人民生活质量、城市竞争力，建设和谐宜居、富有活力、各具特色的现代化城市，并于2016年2月发布了《中共中央 国务院关于进一步加强城市规划建设管理工作的若干意见》，其中第三点第（六）条明确提出"城市设计是落实城市规划、指导建筑设计、塑造城市特色风貌的有效手段。鼓励开展城市设计工作，通过城市设计，从整体平面和立体空间上统筹城市建筑布局，协调城市景观风貌，体现城市地域特征、民族特色和时代风貌。"时隔37年重开中央城市工作会议，表明中央层面对城市发展的重视达到了前所未有的高度。

2016年，广东省城市工作会议指出"城市工作的核心是人，城市的发展是为了人"，强调要为人民群众创造美好的城市生活环境；以人为核心，通过规划设计等方式，完善城市地上地下基础设施，提高公共服务水平，加强对城市空间、平面、风貌、文脉等方面的规划和管控，留住城市特有的地域环境、文化特色、建筑风格等"基因"，突出广东岭南文化特色，为城市留下更多历史记忆；不断提升城市环境质量、人民生活质量、城市竞争力，努力建设和谐宜居、富有活力、具有岭南特色的现代化城市。

2017年3月，住房和城乡建设部印发《关于加强生态修复城市修补工作的指导意见》（建规〔2017〕59号），其中明确提出进一步加强城市规划建设管理工作，将"城市双修"作为推动供给侧结构性改革的重要任务。"城市双修"是指生态修复、城市修补。生态修复旨在修复城市中被破坏的自然环境和地形地貌，改善生态环境质量；城市修补旨在用更新织补的理念，拆除违法建筑，修复城市设施、空间环境、景观风貌，提升城市特色和活力。

在2017年党的十九大召开之年，深圳市委、市政府提出，全市工作坚持以提高发展质量和效益为中心，坚持以推进供给侧结构性改革为主线，坚持"深圳质量""深圳标准"，并将2017年确定为"城市质量提升年"，持续在城市管理治理上攻坚突破，对标国际先进城市，着力加强精细化管理，进一步提高城市发展质量。

2018年1月，深圳市印发《深圳市道路设施品质提升专项行动方案》，要求全面提升深圳市道路交通设施品质，持续改善民生交通热点、难点，营造更安全、更畅达、更低碳、更优美舒适的道路交通设施环境，充分展示深圳特区改革开放以来取得的辉煌成就。

2022年2月，深圳市交通运输局发布《深圳市综合交通"十四五"规划》，提出要不断增强人民群众的获得感、幸福感、安全感,主动适应民生交通多样化、个性化发展需求,积极推动多种交通方式融合发展,优化枢纽衔接换乘组织,提升出行空间品质化水平,营造更加、宜居、宜业、宜游的出行环境。到2025年,深圳应基本建成"开放畅达、立体融合、低碳智慧、安全宜行"的交通强国城市范例;到2035年,深圳要率先建成安全、便捷、高效、绿色、经济的现代化综合交通运输体系,打造基础设施智慧化、客货运输共享化、治理模式现代化、出行服务品质化的未来交通新范式,实现"人享其行、物畅其流",成为全球交通运输创新引领者,助力深圳建设具有全球影响力的创新、创业、创意之都。

1.2 本书主要内容

本书依托深圳市城市道路品质提升工程建设实践,全面、系统地总结了城市道路品质提升的关键技术,融入了道路交通行业发展的新理念、新方法。全书融入了"慢行优先"理念,对于推动城市道路品质提升工程建设领域发展具有一定的参考价值。

本书共分为6章:

第1章从国家级、省级、市级三个层面分别阐述了城市道路建设相关政策要求,为道路建设指引提供了政策依据。

第2章主要围绕道路横断面、行车道宽度、信号交叉口三方面提出了道路车行系统建设指引,包括采用波良可夫模型论证深圳市机动车道宽度并提出信号交叉口优化方法。

第3章根据慢行交通发展定位和总体原则,针对人行道、自行车道、慢行过街设施、建筑前区四个方面提出一体化建设指引,从而塑造安全、便捷、生态、活力、共享的高品质道路。

第4章基于不同类型道路的景观定位,围绕开花植物品种等提出特色花卉景观大道的目标导向和设计策略。

第5章针对道路附属设施(如路缘石、车止石、井盖、树池、交通护栏、杆件等),提出相关的高品质建设指引。

第6章有针对性地选取深圳市不同区域类型道路(分别为东部滨海旅游观光公路和光明大街),围绕不同类型道路的功能定位和服务对象,介绍了个性化、差异化的道路品质提升典型案例。

第 2 章
车行系统建设指引

城市道路品质提升建设指引与实践
——以深圳市为例

第2章 车行系统建设指引

城市道路是城市的重要公共空间,既承载管线敷设等交通对应交通功能,又是城市居民的公共活动场所。城市道路的设计与运行应注重为全部使用者提供安全的通道,使各个年龄段的行人、骑行者、机动车驾驶员、公交乘客等都能够安全出行。

车行系统作为城市道路的重要组成部分,其对城市交通的运行效率至关重要,合理设计和管理道路车行系统,可以有效减少交通事故和道路堵塞,提高道路通行能力。这对于提升城市交通运输能力,促进经济发展,提高居民的生活质量等均会起到积极推动作用。

2.1 横断面布置类型及设计原则

城市道路横断面是指道路中线上各点的法向切面,道路横断面设计线包括机动车道、非机动车道、分隔带和路侧带(人行道、绿化带、设施带)等。横断面布置中包括机动车道,机动车道是道路车行系统的重要组成。横断面设计包括上述横断面设计线各组成部分的宽度、相对位置、横向坡度、相对高程等内容。城市道路的交通性质和组成比较复杂,尤其表现在行人和各种非机动车较多。道路交通问题都需要在横断面设计中综合考虑,所以城市道路路线设计中的横断面设计是解决交通问题的主要途径,一般在平面和纵断面设计之前进行。

2.1.1 横断面布置类型

根据行车道的分隔情况,城市道路横断面可分为单幅路、双幅路、三幅路、四幅路等形式,如图2-1所示。

(1)单幅路:俗称"一块板"断面,各种车辆在车道上混合行驶。

(2)双幅路:俗称"两块板"断面,在车道中心用分隔带或分隔墩将行车道分为两幅,上、下行车辆分向行驶。

(3)三幅路:俗称"三块板"断面,中间一幅为双向行驶的机动车车道,两侧为单向行驶的非机动车道。

(4)四幅路:俗称"四块板"断面,在三幅路的基础上,再将中间机动车道用中央分隔带分隔为两幅,分向行驶。

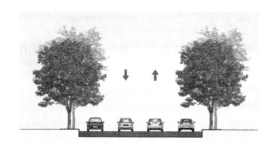

a)单幅路横断面形式

b)双幅路横断面形式

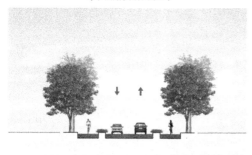

c)三幅路横断面形式

d)四幅路横断面形式

图 2-1
城市道路横断面布置图

2.1.2 横断面设计原则

城市道路横断面设计原则如下:

(1)道路横断面布置应统筹安排地下、地面及地上各种设施,协调好道路与邻近工程及建(构)筑物的空间关系。

（2）应根据道路功能定位和交通流量合理布设机动车道、自行车道、人行道、绿化带、分隔带（物）、设施带等横断面功能带；非交通性干路应优先保障行人和自行车的通行空间。

（3）横断面空间与路权应向绿色交通倾斜。

（4）改扩建道路不应因拓宽机动车道而减小慢行通行空间。

（5）对于慢行通行空间不足的道路，鼓励通过减少机动车道路侧停车位、缩窄单条机动车道宽度和减少机动车道数等措施，优先保障慢行交通通行需求。

（6）旨在改善机动车通行条件的改扩建道路，应同时改善慢行通行环境和道路整体环境。

2.2 行车道宽度

行车道是指道路系统中专供机动车行驶的空间,也被称为车行道或机动车道。车道是行车道上供单一纵列车辆行驶的部分,根据行驶车辆的类型一般可分为小汽车道、混行车道、公交专用道等。行车道宽度是指道路上供一列车辆安全顺适行驶所需要的宽度,包括车辆的外廓宽度以及错车、超车、并列行驶所必需的余宽等。城市道路行车道宽度的设计必须遵循方便、安全、快速的基本原则,给城市的旅客运输、货物流通搭建一个良好的平台。在确定城市道路行车道的方向和宽度时,要注意节约用地,尽量提高占地工程的利用率。

2.2.1 基于行车安全理论的行车道宽度计算

1) 波良可夫模型中行车道宽度的组成部分

波良可夫模型是多年来常用的计算行车道宽度的理论模型,该模型将城市道路机动车道宽度分为车身宽度和横向安全距离两部分。

(1) 车身宽度。一般选取原则:大货车2.5m,大客车2.5m,小型车1.8~2.0m。

(2) 横向安全距离。横向安全距离取决于车辆行驶时摆动、偏移的宽度,以及车身(包括装货允许的突出部分)与相邻车道或边缘必要的安全间隙。横向安全距离与车速、路面质量、驾驶技术、交通秩序等因素有关。

城市道路行车道宽度分为以下几种情况:车厢全宽、车身边缘与侧石边缘间的横向安全距离、同向行驶汽车的安全间隙、对向行驶汽车的安全间隙、外侧车道宽度、中间车道宽度、靠近对向来车方向的车道宽度。如图2-2所示,a_1、a_2、a_3分别为车厢全宽,c为车身边缘与侧石边缘间的横向安全距离,d为同向行驶汽车的安全间隙,x为对向行驶汽车的安全间隙,B_1'为一侧靠边的外侧车道宽度,B_2'为中间车道宽度，B_1为靠近对向来车方向的车道宽度。

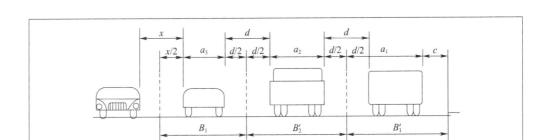

图2-2
行车道宽度计算示意图

2）波良可夫模型的修正

随着汽车工业和城市道路交通的快速发展，现有的很多研究和数据都表明，波良可夫模型的使用条件以及参数值的确定依据已经发生较大改变，必须对波良可夫模型进行修正。对波良可夫模型的修正主要是对横向安全距离的修正，通过采集拍摄记录的运行车速对行驶车辆的横向安全距离进行统计分析。此外，为简化模型，假定其他因素（路面质量、驾驶技术、交通秩序等）不会对行驶车辆的横向安全距离产生大的影响。

(1) 同向行驶车辆间横向安全距离。

收集城市主干路上同向行驶的相邻车道车辆间的横向安全距离及其对应的运行车速，作出横向安全距离与运行车速散点图，如图2-3所示，并进行函数拟合。随着运行车速的增大，同向行驶车辆间的横向安全距离相应增大，其分布与幂函数曲线分布极为相似，并且该曲线会延长至与竖轴交于一个极限点，该点代表运行车速无限趋近于零时同向行驶车辆间的横向安全距离最小值。

要确定运行车速无限趋近于零时同向行驶车辆间的横向安全距离最小值，可以采用经验结合理论分析的方法，选取已被大幅压缩或者无行车道分界线、可随意占道的交叉口进口段进行实地调查与测量。对测量数据进行统计发现，横向安全距离最小值主要分布在0.3~0.5m，且分布曲线在约0.4m处出现突变和最大斜率。根据曲线特征取0.4m作为同向行驶车辆间横向安全距离最小值。

对散点图进行最小二乘拟合,取相关系数最高的幂函数形式,得到同向行驶车辆间横向安全距离计算模型为

$$d = 0.4 + 0.03v^{0.6}$$

式中:d——同向行驶车辆间横向安全距离,m;

v——运行车速,km/h。

(2)车辆与车道边缘线间横向安全距离。

通过数据采集得到车辆与车道边缘线间横向安全距离与运行车速散点图,如图2-4所示。采用经验结合理论分析的方法,选取车道已被大幅压缩或者无行车道分界线、可随意占道的交叉口的进口段进行实地调查与测量,结果发现横向安全距离主要分布在0.25~0.35m。根据曲线特征取0.3m作为主干路上车辆与车道边缘线间横向安全距离的最小值。

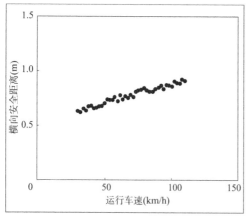

图2-3
同向行驶车辆间横向安全距离与运行车速散点图

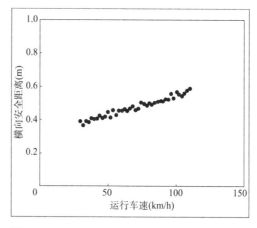

图2-4
车辆与车道边缘线间横向安全距离与运行车速散点图

对散点图进行最小二乘拟合,得到城市主干路上行驶车辆与车道边缘线间的横向安全距离计算模型为

$$c = 0.3 + 0.0025v$$

式中:c——车辆与车道边缘线间横向安全距离,m;

v——运行车速,km/h。

(3)对向行驶车辆间横向安全距离。

部分城市主干路以及大多数城市次干路一般采用中心双实线(虚实线)的方式分隔对向行驶车流,每条中心线的宽度为0.15m,两条线的间距为0.15~0.30m。通过观测获得一系列两相邻内侧车道上同时经过一个断面的对向行驶车辆间的横向安全距离及其对应的运行车速,作出横向安全距离与运行车速的散点图,如图2-5所示。对散点图进行最小二乘拟合,得到双实线分隔对向行驶车辆间横向安全距离计算模型为

$$x = 0.7 + 0.03(2v)^{0.6}$$

式中:x——对向行驶车辆间横向安全距离,m;

v——运行车速,km/h。

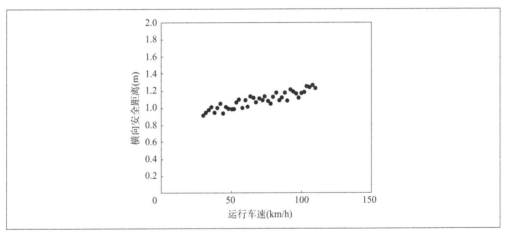

图2-5
对向行驶车辆间横向安全距离与运行车速散点图

3)行车道宽度计算结果

小型车车身宽度按1.8m计算,大型车车身宽度按2.5m计算,双向六车道道路基本可以涵盖所有的车道分布类型。有中央分隔带时,左侧车道宽度等于右侧车道宽度;无中央分隔带时,左侧车道宽度大于右侧车道宽度。利用上述模型对

无中央分隔带的双向六车道宽度进行计算,其结果如表2-1所示。

基于波良可夫模型的行车道宽度计算结果　　　　表2-1

车道类型	车速(km/h)	左侧车道(m)	中间车道(m)	右侧车道(m)
小型车车道	40	2.70	2.47	2.54
	60	2.79	2.55	2.63
	80	2.87	2.62	2.71
	100	2.95	2.68	2.79
大型车车道	40	3.40	3.17	3.24
	60	3.49	3.25	3.33
	80	3.57	3.32	3.41
	100	3.65	3.38	3.49

从表2-1中可以看出,车速越快,所需行车道宽度越大;相同车速下,中间车道宽度最小,左侧车道宽度最大。

2.2.2　深圳市路段行车道宽度

1) 主要路段道路行车道宽度调研

对深圳市已建成干线道路进行筛选,得到调研的快速路和主干路的照片,以及相应的车道数(主线车道数)和车道宽度(主线平均车道宽度),如图2-6、图2-7所示。根据实际调研结果可知,调研道路的行车道宽度均满足相关规范要求,并且大部分路段行车道宽度较大,根据深圳市快速路车辆运行特征及国内大型城市快速路车道宽度设置情况和运营特征,可以发现深圳市道路的行车道宽度存在压缩空间。

a) 北环大道(双向八车道,3.75m)

b) 滨海大道(双向八车道,3.75m,部分路段3.25m)

图2-6
深圳市快速路调研图

a) 深南大道(双向八车道，3.75m)　　　　b) 红荔路(双向六车道，3.75m)

图 2-7 深圳市主干路调研图

2) 主要路段道路车型比例

(1) 不同路段大型车比例。

表 2-2 为不同路段大型车比例。

不同路段大型车比例　　表 2-2

快速路	大型车比例(%)	主干路	大型车比例(%)
滨河大道(福滨人行天桥处)	4.03	罗沙路(仙湖立交处)	6.29
滨海大道(侨城东立交处)	2.47	香蜜湖路(市委党校处)	2.18
滨河大道(广深高速桥处)	8.03	彩田路(新彩隧道)	4.07
北环大道(沙河东立交处)	6.55	深南大道(广深立交处)	9.86
北环大道(彩田立交处)	4.04	深南大道(南海立交处)	6.44
滨海大道(沙河东立交处)	2.16	笋岗路(笔架山公园人行天桥处)	9.52
泥岗路(红岗东人行天桥处)	4.20	新洲路(福新立交处)	3.46
福龙路(人民路入口处)	8.23	红荔路(香蜜湖天桥处)	1.81

(2) 同一路段不同车道车型比例。

同一路段不同车道的车型比例也有所差别，如表 2-3 所示。例如，滨河大道福滨人行天桥东向西，1～4 车道为主路车道，5、6 车道为辅路车道。由于主路内侧 1、2 车道为小型车行驶，大型车比例较低。香蜜湖路市委党校路段北行共 4 条车道,1~3车道为主路车道,4车道为辅路车道。由于没有设置分车型行驶,各车道车型分布相对均匀,但内侧车道大型车比例仍相对较低。

同一路段不同车道车型比例　　　　　　表2-3

车道	1	2	3	4	5	6	平均
滨河大道(%)	0.32	0.50	2.76	8.95	11.4	10.12	4.03
香蜜湖路(%)	0.73	2.87	3.64	1.34	—	—	2.18
新洲路(%)	1.23	2.54	5.25	6.85	—	—	3.46
坪山大道(%)	1.51	2.32	5.52	6.78	9.85	9.60	7.54

通过调研得到如下结论:

①从调查结果来看,在调查路段中,快速路、主干路中车型构成以小型车为主,南坪快速路大型车比例最高,为10.48%,其余均不超过10%。

②通过在断面上设置分车型行驶标志,各车道大型车比例显著变化,内侧车道减小,外侧车道增大。

③对于大型车比例很低的道路,当所有车道设计车辆均为大型车时,道路资源会浪费;均为小型车时,大型车车道空间会过窄。可以考虑将车道按照功能进行划分,如内侧为小型车专用道,外侧为大型车车道。

3)机动车道宽度建议值

深圳市机动车道宽度现以3.50m和3.75m居多,均按照大型车车道宽度要求设置,满足相关规范的要求。但深圳市实行货车限行,道路上以小型车行驶为主,大型车比例小于10%。参考国内外的相关规范,在理论计算的基础上,充分考虑道路运行安全与效率的综合保障,提出深圳市机动车道宽度调整建议值,如表2-4所示。

深圳市机动车道宽度调整建议值　　　　　　表2-4

机动车道类型	设计速度(km/h)		
	>60	30~60	<30
常规公交、大型车或混行车道(m)	3.75	3.25~3.50	3.25
小型车专用道(m)	3.25~3.50	3.00~3.25	2.80~3.00

注:1.用地条件受限时,可采用下限值。

2.平曲线路段应考虑车道加宽要求。

2.3 信号交叉口优化

随着社会经济发展和人民生活水平的提高,机动车保有量逐年上升,城市交通拥挤问题逐步凸显,已经成为影响城市正常生产、生活的重要民生问题。城市信号交叉口是城市路网的主要节点,同时也是城市道路通行能力的瓶颈点,信号交叉口运行状态和运行效率直接关系到城市路网效能的发挥。交叉口待行区、借道左转等交通组织模式作为一类可以有效提升道路通行能力的交通管理方法,具有投资少、见效快、实施周期短等特点,已经被国内很多城市应用。

2.3.1 信号交叉口优化依据

根据深圳市信号交叉口管理和国内外信号交叉口优化方法研究概况,信号交叉口优化考虑的因素可以总结为三个方面,即交通流条件、道路空间条件和信号控制条件。

1)交通流条件

交通流条件主要包括交通流时间分布特征、交通流空间分布特征等。

(1)交通流时间分布特征。交通流时间分布不均衡,城市交通高峰时段交通流量大,甚至超出路网交通承载能力,造成交通拥堵。

(2)交通流空间分布特征。城市的部分重要联系通道交通流多呈潮汐分布,而一般道路是按照双向均等的方式设计的,尽管断面通行能力可满足需求,但主流向可能超出单向通行能力,造成交通拥堵。

2)道路空间条件

道路空间条件主要包括道路拓扑结构、交叉口间路段长度、车道功能布置和进口道展宽段长度四个方面。

(1)道路拓扑结构。从拓扑结构来看,城市道路交通网是由交叉口与路段车道共同构成的,当邻近道路的通行能力与交叉口不匹配时,交通拥堵将会在交叉口处集中体现出来。因此,道路拓扑结构是信号交叉口优化的重要基础。

(2)交叉口间路段长度。车辆在信号交叉口下游的排队长度受到信号灯控制的影响,在红灯时间过长而排队空间有限的情况下,排队可能延伸到上游交叉口,阻碍车辆的正常通行。

(3)车道功能布置。车道功能布置与实际转向需求不匹配,可能会造成车辆排队,故车道功能布置是重要的信号交叉口优化对象。

(4)进口道展宽段长度。受现实条件制约,部分交叉口无法实现进口道的展宽,或者展宽段长度不足,从而引发车辆排队溢出。

3)信号控制条件

信号控制条件主要包括信号周期、各相位配时、信号相位相序和各协调控制信号交叉口相位差四个方面。

(1)信号周期。在饱和交通状况下,若信号周期过短,绿灯损失时间和过渡时间所占比例过大,将严重影响交叉口的通行能力。

(2)各相位配时。对关键方向的车流特征把握不准确、信号配时不合理,将导致难以预防和尽快消散主要流向交通拥挤。

(3)信号相位相序。信号相序的放行方案可以有多种组合,以十字交叉口为例,常用的有轮放和对放两种放行方式。不合理的信号相序可能加剧交叉口的交通冲突,降低路口的通行效率。

(4)各协调控制信号交叉口相位差。在区域交叉口饱和度较高的情况下,若各协调控制信号交叉口相位差不合理,仍采用欠饱和状态时的绿波控制,将交通流大量引入关键交叉口,也将导致区域交叉口产生交通拥堵。

2.3.2 信号交叉口优化原则

为确保优化措施的实际效果,在深入分析典型信号交叉口的通行条件和交通流时空分布特征的基础上,确定信号交叉口优化应遵循如下原则。

1)差异化

注重优化调整策略和措施的针对性,充分考虑不同时段、不同类型信号交叉口对配时系统的差异化需求。

2）协调性

统筹考虑典型信号交叉口信号配时和道路条件,注重通行时间与通行空间的有机协调,提升整体效能。

3）可操作性

注重优化调整策略和措施的可操作性,确保优化方案对信号交叉口起到改善与提升的作用。

2.3.3 信号交叉口优化策略

信号交叉口优化调整,其实质是对道路交叉口时空资源的优化配置,促进时间与空间资源在交叉口的有机协调。按照时间和空间划分,信号交叉口具体优化策略包括如下三个方面。

1）时间优化

时间优化策略主要包括多时段(可变信号配时方案)策略、交叉口等级策略和潮汐信号配时策略等。

（1）多时段策略:针对高峰、平峰、夜间时段的交通流特征,优化信号配时。

（2）交叉口等级策略:根据相交道路的不同等级和功能,合理确定各相位的信号配时。

（3）潮汐信号配时策略:针对早晚高峰潮汐特征明显的交叉口,进一步细化相位相序。

2）空间优化

空间优化是指对交叉口道路设施进行完善,包括进口道展宽、渠化设计两方面。

（1）进口道展宽:综合考虑信号交叉口通行需求和用地条件,合理展宽进口道、压缩车道宽度,以增加进口车道数。

（2）渠化设计:根据交叉口车流量和行人过街需求,优化车道功能划分、安全岛设施,减少人车干扰,提高通行效率。

3）时空协调

时空协调是指以区域交叉口或干线道路交叉口为研究对象,使各交叉口之间协调联动,从而实现单个交叉口、干线道路交叉口或区域内全部交叉口最优控制。

（1）线控协调:优化干线控制配时,实现同路段多个信号交叉口的绿波控制。

(2)区域协调:探索建立区域信号交叉口优化配时模型,实现区域协调智能控制。

2.3.4 信号交叉口优化方法

1)设置左转待行区

左转待行区是指用白色虚线将左转车道向交叉口中央延伸一定距离,使其延至交叉口中间,供同向直行道绿灯亮起时左转车道的车辆提前进入等待转弯的区域。左转待行区一方面可以增加左转车辆排队空间,另一方面可以减少车辆通过交叉口的延误时间,以提升左转车辆通行效率。

设置左转待行区的交叉口道路设施应同时满足如下条件:

(1)待行区长度至少12m;

(2)平面交叉口进口道设置专用左转车道;

(3)左转待行区与其他方向车辆行驶轨迹之间必须有至少2m的安全距离。

交叉口左转待行区标志设置布局如图2-8所示。

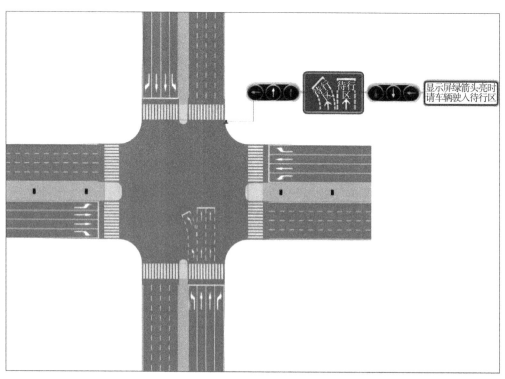

图2-8
交叉口左转待行区标志设置布局

2）设置借道左转

借道左转是指巧妙安排进口侧、出口侧车流的时空组织，将出口侧的1~2条车道作为可变车道使用，在一个信号周期内的一定相位阶段用作进口车道，另一相位阶段用作出口车道，按周期反复交替，可较大幅度提高左转车道甚至整个交叉口的通行能力，减少交叉口车辆排队长度和延误时间。

设置借道左转的交叉口应同时满足如下条件：

（1）某一方向进口道左转车辆在一个信号周期内不能完全清空，且呈现一定的稳定性和规律性；

（2）进口道左转或直行方向饱和度均较高；

（3）设置借道左转进口道方向的掉头车流量较小；

（4）增设借道左转车道后，借道左转进口道车道数不应大于同一信号相位下出口道车道数。

借道左转标志设置布局如图2-9所示。

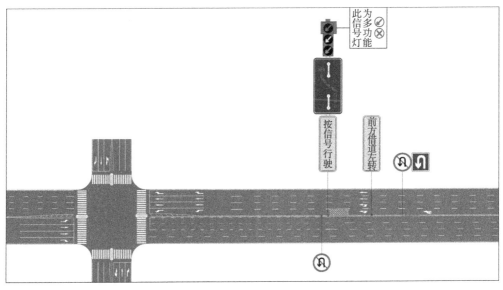

图2-9
借道左转标志设置布局

3）设置可变导向车道

一般可变导向车道是指在交叉口进口道设置一条或多条可根据交通实际需求改变车道功能的行车道。根据左转、直行和右转车流在不同时段的需求，合理确定可变导向车道的通行功能，以进一步提高交叉口空间资源与实际通行需求的契合水平。

设置可变导向车道的交叉口应同时满足如下条件：

（1）交叉口的一个方向或几个方向的延误时间较长、服务水平较低；

（2）在某个车道方向的车辆需要等待2个以上的信号周期，而相邻不同方向的车道通行能力较富余。

设置可变导向车道的交叉口道路设施应同时满足如下条件：

（1）交叉口进口道导向车道大于1条；

（2）交叉口进口道导向方向大于1个；

（3）每一种可变控制模式下，各方向出口道车道数不应小于同一信号相位下进口道车道数；

（4）每一种可变控制模式下，皆满足转向车道的转弯半径要求。

标准可变导向车道标志设置布局如图2-10所示。

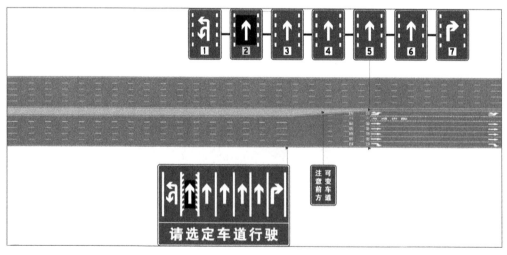

图2-10
标准可变导向车道标志设置布局

4)移位左转交叉口

移位左转交叉口是指在主交叉口各进口的上游设置次级交叉口,左转车流在次级交叉口穿过对向车道(需设置信号保护)转移到对向直行车道的外侧,到达主交叉口后,左转车流与本向直行车流同时放行的一种交通组织手段。

移位左转交叉口应同时满足如下条件:

(1)高峰时段至少有一对进口道饱和度(V/C)大于0.8;

(2)高峰时段至少有一对左转与对向直行标准车当量数(passenger car unit,PCU)的乘积大于150000;

(3)高峰时段至少有一对对向进口道左转车流量大于300pcu/(h·车道),且对向直行车流量大于500pcu/(h·车道);

(4)高峰时段至少有一对进口道左转与直行车流量的比例大于1/3且小于2;

(5)交叉口严重拥堵,信号控制优化措施失效;

(6)交叉口左转车辆排队溢出左转车道展宽段。

移位左转交叉口的道路设施应同时满足如下条件:

(1)移位左转交叉口设施应满足道路红线用地范围的要求;

(2)移位左转交叉口与相邻主交叉口之间距离不宜小于100m;

(3)移位转换区车道圆曲线转弯半径不宜小于30m,车道宽度不宜小于3.5m。

非渠化交叉口移位左转交叉口标志设置布局如图2-11所示。

5)反转通行交叉口

反转通行交叉口是指通过对特定路段交通通行规则的彻底改变,分离左转交通,进行车道位置空间的重新分配,使原本同一相位下存在交通冲突的车流在不产生交通冲突的前提下实现同步放行,进而简化信号相位,提高交叉口通行效率的一种交通组织手段。

反转通行交叉口应同时满足如下条件:

(1)交叉口反转方向两个进口道饱和度(V/C)均大于0.8;

(2)交叉口进口道左转车流量大于300pcu/(h·车道),且反转方向相邻进口道左转车流量大于300pcu/(h·车道)、直行车流量大于500pcu/(h·车道);

(3)交叉口进口道左转直行车流量与相邻进口道左转车流量相对均衡,比例

大于1/3且小于2;

(4)交叉口饱和度(v/c 大于0.95)信号控制优化措施失效;

(5)交叉口左转车辆排队溢出左转车道展宽段。

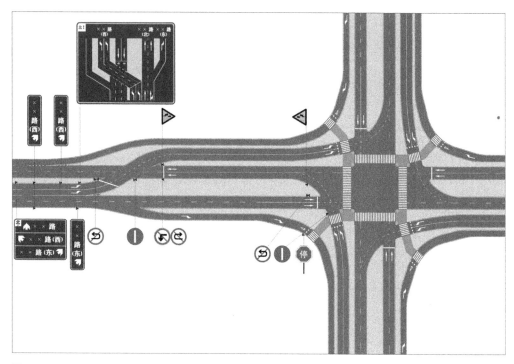

图2-11
非渠化交叉口移位左转交叉口标志设置布局

反转通行交叉口的道路设施应同时满足如下条件:
(1)交叉口为信号箭头灯控制;
(2)反转转换区车道圆曲线转弯半径不宜小于30m,车道宽度不宜小于3.5m;
(3)同一信号控制相位状态下,进口道放行车道数不应超过出口道放行车道数;
(4)反转通行路段无公交停靠站和机动车出口;
(5)反转通行下游交叉口应具有足够的通行能力;
(6)反转通行交叉口及其下游交叉口均应具备协调控制功能。

反转通行交叉口标志设置布局如图2-12所示。

第2章 车行系统建设指引

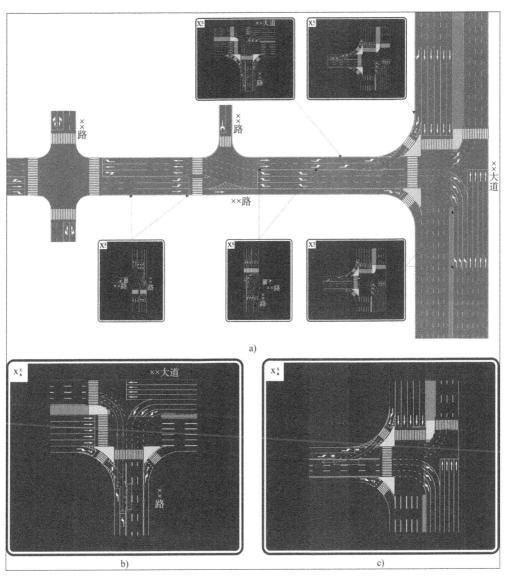

图 2-12

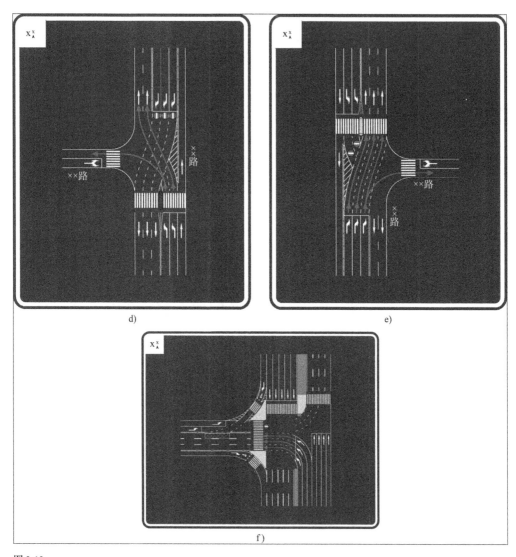

图 2-12
反转通行交叉口标志设置布局

第 3 章
慢行交通系统建设指引

城市道路品质提升建设指引与实践
——以深圳市为例

第3章 慢行交通系统建设指引

慢行交通系统是以步行和非机动车(主要为自行车)为主体的非机动交通系统,其虽在提高短程出行效率、填补公交服务空白、促进交通可持续发展等方面具有机动交通系统所无法替代的作用,但我们也应清醒地认识到慢行交通系统自身固有的局限性,如长距离出行能力不足、克服恶劣气候条件能力不足、应急能力不足、交通安全措施先天不足等,所以慢行交通与大客车、小汽车交通不是替代性的关系,而是相辅相成、相互依存的关系,它们共同构成了城市的客运交通系统。

3.1 人行道建设指引

3.1.1 人行道的定义

人行道是指路侧带中专供行人通行的道路。其宽度为步行有效宽度,不包括绿化带、设施带、自行车道、建筑退线空间等宽度。步行是最基本的交通方式,人行道不仅承载着步行交通功能,也为市民的社会交往活动提供了空间。

3.1.2 步行交通发展定位

结合深圳市人口密度高、机动化水平高、轨道交通发达、空间资源紧缺等城市发展特点,确定步行交通在深圳市综合交通体系中的发展定位如下:

(1)最基本的短距离出行方式,承担各种交通方式之间的衔接;
(2)作为城市休闲的重要方式之一。

3.1.3 步行交通系统规划总体原则

步行交通系统规划宜遵循"安全第一,人车分隔;因地制宜,协调发展;连续畅达,便捷串联;以人为本,舒适多样"四个基本原则。

1）安全第一，人车分隔

步行交通系统应具有相对独立的空间，人行道与机动车道和非机动车道相互分隔，减少人车冲突，保障行人安全。

2）因地制宜，协调发展

步行交通系统规划应注重与城市总体规划、公园绿地系统规划、公共设施规划和公共交通规划等有效衔接；着眼于城市多系统的整体协调发展，注重与自然景观、公共空间和道路系统等各系统密切配合；结合步行出行强度、步行活动类型、沿线土地利用和公共交通设施等情况，通过构建立体步行交通网络体系将各系统有机连接起来。

3）连续畅达，便捷串联

步行交通系统应提供无障碍的连续人行道、过街设施等与居住区、就业点和公共活动场所等目的地直接连通，与公共交通设施便捷接驳，与城市建筑的功能组织和空间布局有机衔接，提供适当的步行辅助机动设施（如自动扶梯、垂直电梯、自动人行道等），以提高交通效率，并符合无障碍要求。

4）以人为本，舒适多样

步行交通系统应注重以人为本，步行交通空间应具有足够宽度和易于识别的标志设施，提供适宜的街道设施及美化环境设施，同时尽量提供遮阴挡雨设施。步行交通系统应与周边用地共同形成富有特色、具有吸引力和活力的场所，开展多样公共活动，如户外表演活动、露天餐厅、跳蚤市场等。

3.1.4 人行道宽度

近年来，在"以人为本"的科学发展观指导下，道路一体化的实践在很多城市建设中不断涌现。道路一体化是将道路规划设计、建设和管理从以往的道路红线（城市道路用地的规划控制线）以内拓展到由道路、路侧绿地、建筑退线空间、两侧建筑等围合的U形三维空间，通过"一体化"塑造出安全、便捷、生态、活力、共享的高品质街道。道路一体化设计弱化了道路红线对步行空间的分割。道路红线内的人行道处于U形三维空间内快慢分离和动静分离的过渡位置，是道路与建筑退线空间的融合衔接带，承担着步行交通的疏导、城市景观的营造、地面空间的利用、公用设施的依托等功能。街道一体化理念下的人行道宽度规划设计，既要保

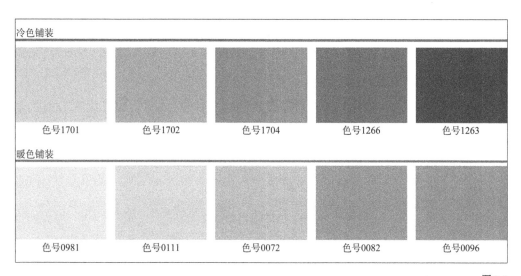

图 3-1
铺装颜色参考

(2)铺装尺寸原则。

①与活动形态的关系。

a.通行空间尺寸宜结合人行道空间的高宽比来配置选择,相对统一;

b.大型商业广场、地标性广场宜选择尺寸相对较大的铺装,体现场地的简洁大气;

c.街头绿地等小型停留空间宜选择尺寸相对较小的铺装,体现场所感和聚合度,显得亲切宜人。

②与周边环境的关系。根据行道树的高度与人行道的宽度形成的高宽比进行协调设计,过大或过小的材料尺寸,都难以体现空间的整体感,显得突兀。

③与空间尺度的关系。宽阔的步行区域不宜采用小尺寸铺装,会破坏空间整体性,显得杂乱细碎;狭窄的设施带则考虑采用较小的材料尺寸(如小料石),使空间协调一致。

(3)铺装形式原则。

铺装形式对人的行为、心理会产生一定的暗示作用,应与活动目的相结合来考虑。

①通行空间。作为供人行走、通行的空间,宜采用顺人流动线方向的线性铺装形式,暗示行人不作停留,具有导向性。

②停留空间,是以停留、活动、休憩为目的的空间,其铺装应降低方向性,强调空间场所感、聚集性。

③集散空间,是以暂时性停留、集会为目的的空间,其铺装应在出入口设置地标,暗示空间端头位置(开始或结束),突出场地的中心地位,吸引人群注意。

(4)铺装材料及尺寸建议。

铺装材料及尺寸建议如表3-2所示。

铺装材料及尺寸建议表 表3-2

建设标准	材料	尺寸建议(mm)	设计意向
高等级	高品质石材	1200×300、900×300、600×600、600×300	尺度:空间尺度较大,宜采用大规格尺寸;特色:融入城市标志及当地创意图案;样式:简洁大气,铺装间可夹灯带
	超高强仿石透水砖	900×600、900×300、600×600	
	高级陶瓷透水砖	900×600、900×300、600×600、600×300	
中等级	超高强仿石透水砖	900×600、900×300、600×600	尺度:空间尺度适中,宜采用中规格尺寸;特色:整体统一色调,个别跳色铺贴,体现细节设计;样式:样式多样,可用不同质感材质做分割,打破单一形式,营造简洁现代感
	高级陶瓷透水砖	600×300、300×300	
一般等级	普通仿石透水砖	600×300、300×300	尺度:空间尺度较小,宜采用中小规格尺寸;特色:单色铺装,不同尺寸铺装搭配,体现细节设计;样式:样式多样,精细化处理
	普通陶瓷透水砖	600×300、300×300	

(5)人行道铺装融入设计元素。

人行道铺装可融入设计元素、符号等以彰显城市文化特色,同时与道路周边文化环境、建筑空间氛围、风格等相融合,如图3-2所示。

2)铺装结构

人行道路面结构宜按人群荷载标准(5.0kPa)设计,如果有通行或停放小型机动车辆(机动车交通量不大于200veh/d)的需求,其路面结构应按轻型荷载标准(BZZ-40)设计,需相应增加路面结构厚度。

图 3-2
铺装中融入符号或路名

图 3-3、图 3-4 所示为人群荷载下透水砖、透水混凝土人行道铺装结构。

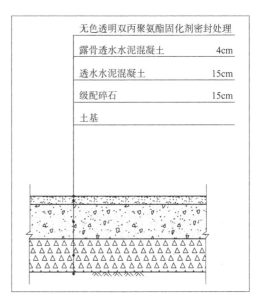

图 3-3
人群荷载下透水砖人行道铺装图

图 3-4
人群荷载下透水混凝土人行道铺装图

图 3-5、图 3-6 所示为轻型荷载下透水砖、透水混凝土人行道铺装结构。

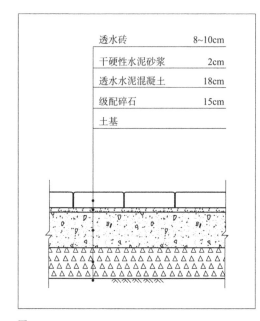

图 3-5
轻型荷载下透水砖人行道铺装图

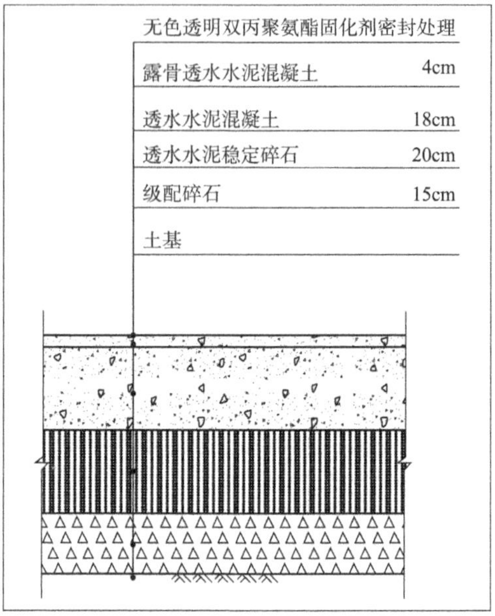

图 3-6
轻型荷载下透水混凝土人行道铺装图

3)铺装设计注意要点

(1)路段铺装设计注意要点。

①砌块横缝与路缘石成 90°;

②设计时应考虑铺装的布局,使得现场二次切割最少化,同时避免路面出现切割的长砌块;

③一般不推荐同一条路采用多种尺寸的路砖铺设,但特殊区域(如大型公共区或商业区、景观型道路的节点)可考虑用不同尺寸的路砖进行铺装,以突出场地特色;

④人行道上面积大于 0.09m² 的市政管道检查井盖,其表面宜进行铺装,铺装的样式、材质和颜色等应与人行道一致;

⑤在安装人行道上设置的各种标示牌时,基座所占道板宜根据立柱形状切板处置或采用小规格切板过渡,以便与周围板块衔接顺畅,如图 3-7 所示;

⑥如图3-8所示,人行道铺装边界外侧为边坡或挡土墙、排水沟的,其盖板宜结合铺装进行一体化设计。

图 3-7
立柱处铺装处理实例

图 3-8
排水沟盖板与人行道铺装一体化设计实例

（2）交叉口铺装设计注意要点。

①直角形交叉口。

如图3-9所示，直角形交叉口人行道采用"人"字形铺装时，铺装需从扇形区域中心线向两边排布；交叉口人行道采用过渡型铺装时，过渡区起点宜为建筑物边线或机动车道停止线，过渡区长度不宜小于1m。

②较大转弯半径交叉口。

如图3-10所示，当转弯半径较大时，无论是采用"人"字形铺装还是采用过渡型铺装都会产生较多的需二次切割的砌块，造成浪费，建议在交叉口人行弧形段采用"弧形过渡"铺装。弧形段的过渡铺装，应采用预制的带弧度的砖块或现场以弧形切割的砖块铺设，使弧度更自然美观。交叉口铺装最好从弧形段中心线开始向两侧铺设，方便两侧铺装的对缝和错缝。

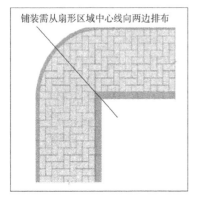

图3-9
直角形交叉口铺装设计示意图

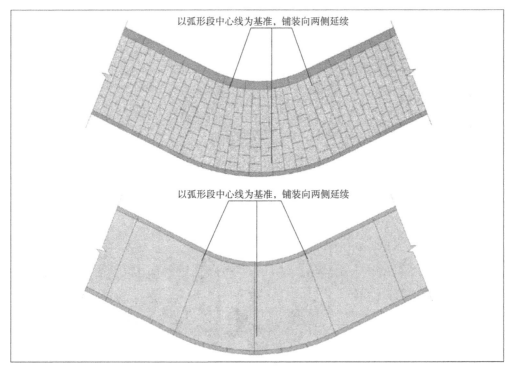

图3-10
较大转弯半径交叉口铺装设计示意图

(3)相异形式路段铺装设计注意要点。

当两条人行道以直接相邻相异形式铺装时,一般情况下,采用在视觉上具有中性效果的第三种材料(图3-11中的分缝条砌块)放于两种材料之间,减缓不一致的形式和线条之间的冲突。

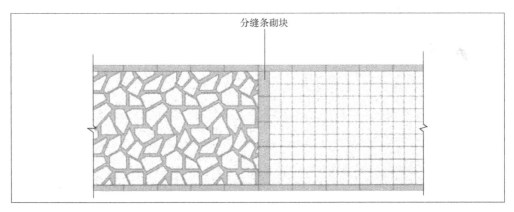

图3-11
相异形式路段铺装设计示意图

(4)设施带铺装设计注意要点。

①面层处理。面层要粗糙(如细凿面/菠萝面/细自然面等),与人行道铺装形成质感对比,缓和因设施构件较多带来的杂乱感,如图3-12所示;

②尺寸要求:设施带处铺装一般采用小规格尺寸,为300mm×300mm规格;

③设计样式:设施带波打线与绿化收边合二为一,防止收两道边。

4)施工控制

(1)材料色差控制要点。

石材铺装是环境景观工程最重要的一环,也是决定项目品质的关键因素,室外通常采用天然花岗岩石材,由于其一般存在一定的色差,铺装需要做到以下两个方面:

①做好现场筛选,尽最大可能地控制材料色差,保证品质;

图3-12
正面案例:粗糙面层

②严禁使用染色石材。

(2)运输注意要点。

①运输务必做好防护措施,避免磕碰导致废料。

②运输造成的缺角等废料严禁使用。

(3)施工注意要点。

①基层处理时,应将地面垫层上的杂物清理干净,用钢丝刷刷掉粘在基层上的砂浆块,并用笤帚清扫干净。

②铺砌砂浆应饱满,且表面平整、稳定,缝隙均匀;与检查井等构筑物相接时,应平整美观,不得反坡;不得用在预制块下填塞砂浆或支垫方法找平。

③填缝压实结合层为砂时,缝隙宽度不宜大于5mm,铺砌后,先撒砂填缝,并洒水使其下沉。如果缝隙采用水泥砂浆或沥青胶结材料嵌缝,应预先用砂填缝至1/2高度,然后用水泥砂浆或沥青胶结材料填缝抹平。如果结合层为水泥砂浆,石料间缝隙用同类水泥砂浆嵌缝抹平,缝隙宽度不应大于5mm,用水泥砂浆嵌缝,洒水养护7d以上。

④铺砌过程中,应设专门人员不断地检查缝距、缝的直顺度、宽窄均匀度和道板的平整度,发现有不平整的,及时更换道板。

⑤每日班后,将分散各处的物料堆放在一起,保持工地整洁。

⑥预制块铺砌时,铺砌道板与道牙顶面衔接需平顺,防止出现高差。

⑦弧形砖铺设人行道,横、纵缝宽应均分调整,保持一致。

⑧当采用水泥混凝土做基层时,铺砌面层胀缝应与基层胀缝对齐。

⑨铺砌面层完成后,必须封闭交通,并湿润养护,当水泥砂浆达到设计强度后,方可开放交通。

⑩人行道板施工。现场试验确定人行道砖干硬性水泥砂浆垫层虚铺厚度,以十字线控制虚铺顶面高程,刮板、拍实、用抹子找平,其厚度高出水平线1~2mm;正式铺设前按设计图案,针对人行道砖按方位、角度进行试拼与核对;预制人行道板接缝宽度宜控制在3mm±1mm,在正式铺装前,应进行一次试排。整段人行道分多个铺装工作面时,应排好整体模数❶,确保工作面衔接顺畅严密;人行道与车

---

❶ 模数是指建筑构件的基本尺寸,通常以整数倍的形式出现。例如,常见的模数有300mm、600mm、900mm等。在建筑设计和施工中,模数是非常重要的,因为它可以帮助设计师和施工人员快速准确地计算和布置构件的尺寸和位置。

止石等构造物衔接处,应排好道砖模数,按构造物轮廓线精准切割,不允许出现道砖缺边少角现象。

(4)路缘石与铺装对缝注意要点。

①满足设计对切缝间距要求,具体切缝位置可根据现场实施路缘石接缝位置微调,保证对缝。

②人行道应为连续铺面,且与公共人行道高程齐平,车道穿越时其铺面可考虑连续铺设。

③人行道内的人井、手井等井盖应调整至与铺装路面齐平,且井盖边缘收边材料应与铺装材料协调。

④在同一剖面上搭配不同石材时,其厚度应相近,以减少反复施工和降低造价成本。

(5)铺装基础做法要求。

①清理要求:填筑前应对基底进行彻底清理,挖除杂草、树根,清除表面有机土、种植土及垃圾。

②压实要求:对耕地和土质松散的基底应进行压实处理,这样可大幅减少铺装沉降现象的发生。

③定制要求:大型石材及异形石材应精准定制,特别是转角与台阶处,并要求施工队复核放线,以保证对缝完整。

④设计街道家具注意要点:设计小品及城市家具时,需注意家具是否存在上大下小的情况,因为平面图中小型家具常放置顶视图,易出现平面上完美对缝,但实际上家具与地面铺装有边角冲突,影响美观。

⑤石材留缝要求:石材砌块路面接缝宽度不应大于5mm,应采用水泥砂浆灌实。有特殊防水要求时,缝下部应用水泥砂浆灌实,上部应用防水材料灌缝。当缝宽小于2mm时,可不灌缝。

(6)成品保护。

出厂前及下道工序存在污染风险时采用喷洒防污保护剂等成品保护措施。

3.2 自行车道建设指引

3.2.1 自行车道的定义

自行车道按照设置和使用条件分为自行车专用车道和自行车专用道路。自行车专用车道一般是指设置在城市道路机动车道与人行道之间,仅供自行车使用的车道。自行车专用道路一般是指设置在海边、郊野公园,根据功能需求,结合自然条件设置,仅供自行车使用的道路。本书中自行车道主要指自行车专用车道,即城市道路路侧带中仅供自行车通行的车道空间。

3.2.2 自行车交通发展定位

近年来随着共享单车的兴起,自行车出行正在重新成为一种受广大市民青睐的出行方式。考虑到自行车交通短距离"门到门"的便捷优势以及效率不及公交车的不足,扬长避短,确定自行车交通在城市综合交通体系中的发展定位是:

(1)作为中短距离出行的主要交通方式之一,与公交车协调发展;
(2)作为延伸轨道交通服务的重要方式之一;
(3)作为市民休闲健身的方式之一。

3.2.3 自行车交通网络构建总体原则

为有效组织不同骑行单元内自行车道的规划布局,自行车交通网络构建宜遵循"单元发展、适度连通,功能明确、层次清晰,末端可达、路权清晰"的原则。

1)单元发展、适度连通

各骑行单元内相对独立地规划建设自行车交通网络,鼓励利用自行车在单元内实现中短距离出行或接驳公共交通;为充分发挥自行车交通和公共交通各自的优势,提高交通效率,骑行单元间长距离出行倡导以公共交通为主,但应布设一定数量的自行车通道相互连通。

2)功能明确、层次清晰

自行车交通网络内,布设在不同城市用地范围周边的自行车道所承担的功能及自行车交通出行强度有所差异,应据此将自行车道划分为不同的功能层次及等级,以构建功能明确、层次清晰的自行车交通网络。

3)末端可达、路权清晰

为积极倡导"公共交通+自行车"的出行方式,破解交通末端"最后一公里"难题,原则上各级道路及街巷中均应设置路权清晰的自行车道,实现网络末端可达性。

3.2.4　自行车道宽度

如图3-13所示,自行车道宽度由自行车行驶的动态宽度、与其他使用者的安全距离,以及路缘带宽度组成,其中动态宽度主要取决于自行车流量。自行车道宽度必须满足自行车通行的安全和顺畅,可按如下公式计算:

$$B = b \times (N_b/N_{b1}) + SR \times 2$$

式中:B——自行车道宽度,m;

　　b——单条自行车道宽度(由外轮廓宽度、摆动宽度组成),m,取1m;

N_b——自行车高峰小时流量,veh/h;

N_{b1}——自行车单车道设计通行能力,veh/h,详见表3-3;

　　SR——路缘带宽度,m,应根据路侧障碍物或设施情况取值,一般取0.25m。

自行车道单向行驶宽度不应小于1.5m,双向行驶宽度不宜小于3.5m,条件受限时不应小于2.5m。机非混行车道宽度不宜低于4.0m,条件受限时不应低于3.5m。

3.2.5　自行车道设置形式

在骑行过程中,骑行者为避免在过窄的自行车道上与行人交织,同时考虑到交叉口或其他出入口对骑行连续性的影响,会选择到机动车道骑行,该情况下如果没有标线或设施分隔开自行车道与机动车道,将加剧机非车流交织现象,对骑行安全造成严重影响。从骑行者的使用和安全的角度来看,建设独立路权自行车道是实现骑行连续、舒适、安全的重要手段;从城市交通的发展来看,建设独立路权自行车道对于倡导绿色低碳交通大有益处。独立路权自行车道的建设,可以满足共享单车时代的用车需求,促进居民健康活力生活理想的实现。

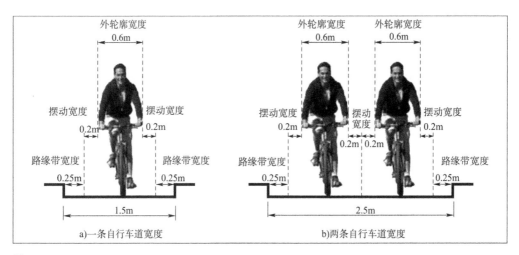

图 3-13
自行车道宽度组成示意图

自行车单车道设计宽度和设计通行能力　　　　　表 3-3

分隔形式	设计宽度(m)	设计通行能力(veh/h)
机非分隔	1.0	1500
无机非分隔	1.0	1300

自行车道设置形式应满足如下一般规定:

(1)在保障公共交通和慢行交通发展的前提下,提升自行车道优先权,加强机非物理分隔和人非物理分隔,避免出现人非混行方式;

(2)城市自行车道宜双侧布置,条件受限时,可单侧布置,但最小宽度应满足双向行驶要求;

(3)道路断面应按照"人行道→自行车道→机动车道"的顺序设置,且尽可能实现物理分隔(绿化带、绿篱等),条件受限时,人行道与自行车道可采用高差分隔方式,自行车道推荐断面形式见表3-4。

自行车道推荐断面形式　　　　　　表3-4

断面形式	序号	人非分隔形式		机非分隔形式		示意图
机非共板	1	树池宽度	≥1.5m	树池宽度	≥1.5m	
	2	树池宽度	≥1.5m	绿篱、护栏宽度	≥0.5m	
	3	树池宽度	≥1.5m	彩色铺装、划线	—	
	4	树池宽度	≥1.5m	无分隔,混行(共享出行)	—	

续上表

断面形式	序号	人非分隔形式		机非分隔形式		示意图
人非共板	5	树池宽度	≥1.5m	树池宽度	≥1.5m	
	6	绿篱宽度	≥0.5m	树池宽度	≥1.5m	
	7	高差	—	树池宽度	≥1.5m	

所有改扩建道路,原则上应建立行人、自行车、绿化(灌木或草坪)慢行通道以改善优先层级,按照需求引导、工程可行、安全可靠的断面选型原则进行断面控制。

(1)需求引导:满足慢行需求,覆盖主要慢行通道。首先确定道路自行车流量,若自行车高峰时段流量大于或等于200veh/h,则该路段可设置较高级别自行车道;若大于或等于100veh/h且小于200veh/h,则该路段可设置自行车道;若小于100veh/h,则不建议设置自行车道。

(2)工程可行:契合设施现状,提高方案的落地性。在判断自行车流量需求的基础上,通过现有人行道宽度条件来推断自行车道断面形式。若该路段应当设置较高级别自行车道,同时人行道宽度又满足大于或等于5m的条件,建议设置人非共板、绿化分隔的自行车道;若人行道宽度大于或等于3m且小于5m,建议设置机非共板、铺装识别的自行车道;若据流量判断为可设置自行车道,人行道宽度大于2.5m且小于3m,建议设置划线自行车道。

(3)安全可靠:考虑机非干扰,实现慢行的安全性。在判断是否压缩机动车道的情况下,需要同时考虑邻近机动车道的设计速度是否小于或等于50km/h,若车速较高建议设置人非共板自行车道。

图3-14为自行车道断面设置指引图,其中 L 为人行道宽度;T1、T2为独立路权自行车道,均为铺装识别,T1有绿化分隔;T3为独立路权自行车道,与机动车道共板;S1为划线自行车道。

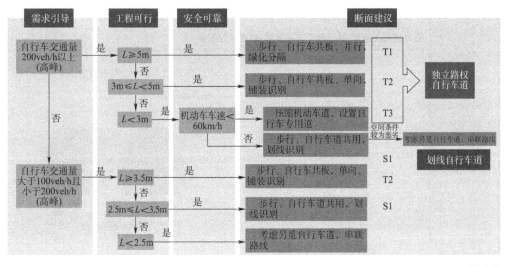

图3-14 自行车道断面设置指引

(1)T1、T2断面:通过铺装识别布置自行车专用道,一般为城市主、次干路自行车道布置方式,骑行空间较为富余,骑行体验舒适。对于人行道较宽的城市主干路、景观道,可在人行道和自行车专用道之间设置绿化分隔,以灌木为主,布置并行或双向自行车道。

(2)T3断面:通过压缩机动车道,物理分隔布置自行车道,一般为慢行空间紧张的城市次干路或新建城市主、次干路的布置方式,骑行空间较为富余,骑行体验较为舒适。

(3)S1断面:通过在慢行区域划线识别自行车道,一般为慢行空间较为紧张的城市次干路、支路的布置方式。

未设置自行车道的道路可通过道路养护、交通综合整治、景观提升等渠道采用以下方式设置自行车道,如表3-5、表3-6所示。

压缩既有机动车道空间设置自行车道典型道路断面形式　　　表3-5

道路等级	车道数量	道路断面设置形式	推荐典型道路断面设置形式
支路	2车道	1.当机动车道路面宽度不足以通过压缩机动车道宽度设置自行车道(宽度 $W<9m$)时,宜研究单向交通组织,减少机动车道数量,设置自行车道	(1)当 $W \geq 6.4m$ 时,宜设置双侧单向行驶的自行车道 (2)当 $W \geq 6.15m$ 时,可设置单侧双向行驶的自行车道

续上表

道路等级	车道数量	道路断面设置形式	推荐典型道路断面设置形式
支路	2车道	2.当机动车道路面宽度可以通过压缩机动车道宽度设置自行车道($W≥9$m)时,宜压缩机动车道宽度,设置自行车道 $W≥9$m	(1)宜设置双侧单向行驶的自行车道 3~3.25m / 1.5~2.5m ; 1.5~2.5m / 3~3.25m (2)当$W≥9.15$m时,可设置单侧双向行驶的自行车道 3~3.25m / 3~3.25m / 2.5m ; 0.25m / 0.4m
支路	3车道	1.当机动车道路面宽度不足以通过压缩机动车道宽度设置自行车道($W<12$m)时,宜进行专项交通评估,减少机动车道数量,设置自行车道 $W<12$m	(1)当$W≥9$m时,宜设置双侧单向行驶的自行车道 1.5~2.5m / 3~3.5m / 1.5~2.5m ; 3~3.5m

续上表

道路等级	车道数量	道路断面设置形式	推荐典型道路断面设置形式
支路	3车道	$W<12\text{m}$	(2)当$W\geq 9.15\text{m}$时,可设置单侧双向行驶的自行车道 3~3.25m　3~3.25m　2.5m 0.25m　　　　　　0.4m
		2.当机动车道路面宽度可以通过压缩机动车道宽度设置自行车道($W\geq 12\text{m}$)时,宜压缩机动车道宽度,设置自行车道	
		$W\geq 12\text{m}$	(1)宜设置双侧单向行驶的自行车道 3~3.25m　　3~3.25m 1.5~2.5m　3~3.25m　1.5~2.5m
			(2)当$W\geq 12.15\text{m}$时,可设置单侧双向行驶的自行车道 3~3.25m　3~3.25m　2.5m 0.25m　3~3.25m　0.4m

续上表

道路等级	车道数量	道路断面设置形式	推荐典型道路断面设置形式
支路	4车道	1. 当机动车道路面宽度不足以通过压缩机动车道宽度设置自行车道($W<15.5m$)时，宜进行专项交通评估，减少机动车道数量，设置自行车道	
		$W<15.5m$	(1) 当$W≥12m$时，宜设置双侧单向行驶的自行车道 1.5~2.5m / 3~3.5m / 1.5~2.5m 3~3.5m
			(2) 当$W≥12.15m$时，可设置单侧双向行驶的自行车道 3~3.25m / 3~3.25m / 2.5m 0.25m / 3~3.25m / 0.4m
		2. 当机动车道路面宽度可以通过压缩机动车道宽度设置自行车道($W≥15.5m$)时，宜压缩机动车道宽度，设置自行车道	
		$W≥15.5m$	宜设置双侧单向行驶的自行车道 1.5~2.5m / 3~3.25m / 3~3.25m / 1.5~2.5m 3~3.25m / 0.5m / 3~3.25m

续上表

道路等级	车道数量	道路断面设置形式	推荐典型道路断面设置形式
次干路	4车道	1. 当机动车道路面宽度不足以通过压缩机动车道宽度设置自行车道（$W<16.3m$）时，宜进行专项交通评估，减少机动车道数量，设置自行车道 $W<16.3m$	当$W\geq13.3m$时，宜设置双侧单向行驶的自行车道 1.5~2.5m / 3~3.25m / 3~3.25m / 3~3.5m / 1.5~2.5m 0.4m / 0.5m / 0.4m
次干路	4车道	2. 当机动车道路面宽度可以通过压缩机动车道宽度设置自行车道（$W\geq16.3m$）时，宜压缩机动车道宽度，设置自行车道 $W\geq16.3m$	宜设置双侧单向行驶的自行车道 1.5~2.5m / 3~3.25m / 3~3.25m / 3~3.25m / 1.5~2.5m 0.4m / 3~3.25m / 0.5m / 0.4m
主、次干路	6车道	1. 当机动车道路面宽度不足以通过压缩机动车道宽度设置自行车道（$W<22.8m$）时，宜进行专项交通评估，减少机动车道数量，设置自行车道 $W<22.8m$	当$W\geq19.8m$时，宜设置双侧单向行驶的自行车道 1.5~2.5m / 3.25~3.5m / 3~3.25m / 3~3.25m / 3.25~3.5m / 1.5~2.5m 0.4m / 3~3.25m / 0.5m / 0.4m

续上表

道路等级	车道数量	道路断面设置形式	推荐典型道路断面设置形式
主、次干路	6车道	2. 当机动车道路面宽度可以通过压缩机动车道宽度设置自行车道（$W \geq 22.8m$）时，宜压缩机动车道宽度，设置自行车道 $W \geq 22.8m$	宜设置双侧单向行驶的自行车道 1.5~2.5m / 3.25~3.5m / 3~3.25m / 3~3.25m / 3~3.25m / 3~3.25m / 1.5~2.5m 0.4m / 3~3.25m / 0.5m / 3~3.25m / 3.25~3.5m / 0.4m
		3. 当道路设置有中央绿化分隔带，且单侧机动车道路面宽度不足以通过压缩机动车道宽度设置自行车道（单侧 $W < 11.4m$）时，宜进行专项交通评估，减少机动车道数量，设置自行车道 单侧 $W < 11.4m$ ／ 单侧 $W < 11.4m$	宜设置双侧单向行驶的自行车道，适用于单侧机动车道路面宽度为 8.4~11.4m 1.5~3.75m / 3.25~3.5m / 3~3.5m / 3~3.5m / 3.25~3.5m / 1.5~3.75m 0.4m / 0.25m / 0.25m / 0.4m
		4. 当道路设置有中央绿化分隔带，且单侧机动车道路面宽度可以通过压缩机动车道宽度设置自行车道（单侧 $W \geq 11.4m$）时，宜压缩机动车道宽度，设置自行车道 单侧 $W \geq 11.4m$ ／ 单侧 $W \geq 11.4m$	宜设置双侧单向行驶的自行车道 1.5~2.5m / 3.25~3.5m / 3~3.25m / 3~3.25m / 3~3.25m / 1.5~2.5m 0.4m / 0.25m / 0.25m / 3.25~3.5m / 0.4m

续上表

道路等级	车道数量	道路断面设置形式	推荐典型道路断面设置形式
主干路	8车道	1. 当机动车道路面宽度不足以通过压缩机动车道宽度设置自行车道（$W<29.3m$）时，宜进行专项交通评估，减少机动车道数量，设置自行车道 （图示：$W<29.3m$）	宜设置双侧单向行驶的自行车道，适用于机动车道路面宽度为26.3~29.3m （图示：1.5~2.5m / 0.4~3.5m / 3.25~3.5m / 3~3.25m / 3~3.25m / 0.5m / 3.5m / 3.25~3.5m / 0.4m / 1.5~2.5m）
		2. 当机动车道路面宽度可以通过压缩机动车道宽度设置自行车道（$W≥29.3m$）时，宜压缩机动车道宽度，设置自行车道 （图示：$W≥29.3m$）	宜设置双侧单向行驶的自行车道 （图示：1.5~2.5m / 3.25~3.5m / 3.25~3.5m / 3~3.25m / 3~3.25m / 0.5m / 3.25m / 3.25~3.5m / 0.4m / 1.5~2.5m）
		3. 当道路设置有中央绿化分隔带，且单侧机动车道路面宽度不足以通过压缩机动车道宽度设置自行车道（单侧$W<14.65m$）时，宜进行专项交通评估，减少机动车道数量，设置自行车道 （图示：单侧$W<14.65m$ | 单侧$W<14.65m$）	宜设置双侧单向行驶的自行车道，适用于单侧机动车道路面宽度为11.65~14.65m （图示：1.5~3.5m / 3.25~3.5m / 3~3.5m / 0.4m / 3~3.5m / 0.25m / 3.25~3.5m / 0.4m / 1.5~3.5m）

续上表

道路等级	车道数量	道路断面设置形式	推荐典型道路断面设置形式
主干路	8车道	4.当道路设置有中央绿化分隔带,且单侧机动车道路面宽度可以通过压缩机动车道宽度设置自行车道(单侧 $W \geq 14.65$m)时,宜压缩机动车道宽度,设置自行车道 单侧 $W \geq 14.65$m　　单侧 $W \geq 14.65$m	宜设置双侧单向行驶的自行车道 1.5~2.5m　3.25~3.5m　3~3.25m　3~3.25m　3~3.25m　3.25~3.5m　1.5~2.5m 0.4m　　　0.25m　3~3.25~3.5m　0.25m　　0.4m
主干路、快速路辅道	单向2车道	1.当辅道机动车道路面宽度不足以通过压缩机动车道宽度设置自行车道(辅道 $W<8.4$m)时,宜进行专项交通评估,减少机动车道数量,设置自行车道 辅道 $W<8.4$m　　辅道 $W<8.4$m	宜设置双侧单向行驶的自行车道,适用于辅道机动车道路面宽度为 6.15~8.4m 1.5~3.75m　4m　　4m　3.75m　1.5m 0.4m　0.25m　　　0.25m　0.4m
		2.当机动车道路面宽度可以通过压缩机动车道宽度设置自行车道(辅道 $W \geq 8.4$m)时,宜压缩机动车道宽度,设置自行车道 辅道 $W \geq 8.4$m　　辅道 $W \geq 8.4$m	宜设置双侧单向行驶的自行车道 1.5~2.5m　3.25~3.5m　3~3.25　　3~3.25　3.25~3.5m　1.5~2.5m 0.4m　　　0.25m　　　　0.25m　　0.4m

57

续上表

道路等级	车道数量	道路断面设置形式	推荐典型道路断面设置形式
		(二)含宜停车位情况(未设置自行车道)	
支路	1车道+单侧宜停车位	1. 当 $W<8.15\mathrm{m}$ 时,宜取消宜停车位,压缩机动车道宽度,设置自行车道 $W\geqslant 6.4\mathrm{m}$	(1) 当 $W\geqslant 6.4\mathrm{m}$ 时,宜设置双侧单向行驶的自行车道 1.5~2.5m 3~3.25m 1.5~2.5m 0.4m (2) 当 $W\geqslant 6.15\mathrm{m}$ 时,可设置单侧双向行驶的自行车道 3~3.25m 2.5m 0.25m 0.4m
		2. 当区域停车资源紧张,机动车道路面宽度富余($W\geqslant 8.15\mathrm{m}$)时,可保留宜停车位,压缩机动车道宽度,设置自行车道 $W\geqslant 8.15\mathrm{m}$	(1) 当 $W\geqslant 9.15\mathrm{m}$ 时,宜设置双侧单向行驶的自行车道(宜停车位与自行车道之间宜设置缓冲区,避免车门开合时可能引发的风险,下同) 1.5~2.5m 3~3.25m 1.5~2.5m 2~2.5m 0.4m 0.5m 0.25m

续上表

道路等级	车道数量	道路断面设置形式	推荐典型道路断面设置形式
支路	1车道+单侧宜停车位	$W \geq 8.15\text{m}$	（2）可设置单侧双向行驶的自行车道 2.5m　3~3.25m　2~2.5m 　　　0.4m　　0.25m
支路	2车道+单侧宜停车位	1. 当 $W<11.15\text{m}$ 时，宜取消宜停车位，压缩机动车道宽度，设置自行车道 $9 \leq W < 11.15\text{m}$	（1）当 $W \geq 9\text{m}$ 时，宜设置双侧单向行驶的自行车道 1.5~2.5m　3~3.25m　3~3.25m　1.5~2.5m （2）可设置单侧双向行驶的自行车道 3~3.25m　3~3.25m　2~2.5m 0.25m　　0.4m

续上表

道路等级	车道数量	道路断面设置形式	推荐典型道路断面设置形式
支路	2车道+单侧宜停车位	2.当区域停车资源紧张,机动车道路面宽度富余($W \geq 11.15$m)时,可保留宜停车位,压缩机动车道宽度,设置自行车道 $W \geq 11.15$m	(1)当$W \geq 11.75$m时,宜设置双侧单向行驶的自行车道 1.5~2.5m / 3~3.25m / 3.25m / 1.5~2.5m / 2~2.5m 0.5m 0.25m (2)可设置单侧双向行驶的自行车道 3~2.5m / 3~3.25m / 3.25m / 2~2.5m 0.4m 0.25m
支路	2车道+双侧宜停车位	宜取消单侧宜停车位,压缩机动车道宽度,设置自行车道 $W \geq 11.15$m	(1)当$W \geq 11.15$m时,可设置单侧双向行驶的自行车道 3~2.5m / 3~3.25m / 3.25m / 2~2.5m 0.4m 0.25m

续上表

道路等级	车道数量	道路断面设置形式	推荐典型道路断面设置形式
支路	2车道+双侧宜停车位	$W \geq 11.15m$	(2)当$W \geq 11.75m$时,可设置双侧单向行驶的自行车道 1.5~2.5m / 3~3.25m / 3~3.25m / 1.5~2.5m / 2~2.5m 0.5m 0.25m
支路	3车道+单侧宜停车位	1. 当$W<14.15m$时,宜取消宜停车位,压缩机动车道宽度,设置自行车道 $W \geq 12m$	(1)当$W \geq 12m$时,宜设置双侧单向行驶的自行车道 1.5~2.5m / 3~3.25m / 3~3.25m / 3~3.25m / 1.5~2.5m (2)当$W \geq 12.15m$时,可设置单侧双向行驶的自行车道 3~3.25m / 3~3.25m / 3~3.25m / 2.5m 0.25m 0.4m

续上表

道路等级	车道数量	道路断面设置形式	推荐典型道路断面设置形式
支路	3车道+单侧宜停车位	2.当区域停车资源紧张,机动车道路面宽度富余($W \geq 14.15$m)时,宜压缩机动车道宽度,设置自行车道 $W \geq 14.15$m	(1)当$W \geq 14.75$m时,宜设置双侧单向行驶的自行车道 1.5~2.5m / 3~3.25m / 3~3.25m / 3~3.25m / 1.5~2.5m / 2~2.5m 0.5m 0.25m (2)可设置单侧双向行驶的自行车道 3~2.5m / 3~3.25m / 3~3.25m / 3~3.25m / 2~2.5m 0.4m 0.25m
支路	4车道+单侧宜停车位	1.当$W < 17.65$m时,宜取消宜停车位,压缩机动车道宽度,设置自行车道 $W \geq 15.5$m	当$W \geq 15.5$m时,宜设置双侧单向行驶的自行车道 1.5~2.5m / 3~3.25m / 3~3.25m / 3~3.25m / 3~3.25m / 1.5~2.5m 0.5m

第3章 慢行交通系统建设指引

续上表

道路等级	车道数量	道路断面设置形式	推荐典型道路断面设置形式
支路	4车道+单侧宜停车位	2.当区域停车资源紧张,机动车道路面宽度富余($W \geqslant 17.65m$)时,可保留宜停车位,压缩机动车道宽度,设置自行车道 $W \geqslant 17.65m$	(1)当$W \geqslant 18.25m$时,可设置双侧单向行驶的自行车道 1.5~2.5m / 3~3.25m / 3~3.25m / 1.5~2.5m 2.5m 3~3.25m / 0.5m / 3~3.25m / 0.5m / 0.25m (2)可设置单侧双向行驶的自行车道 2.5m / 3~3.25m / 3~3.25m / 3~3.25m / 2~2.5m 0.4m / 0.5m / 0.25m

新建、改建、扩建道路设置自行车道典型道路断面形式　　表3-6

道路等级	现状(规划)车道数量	道路红线宽度	推荐典型道路断面设置形式
支路	双向2车道	1.道路红线宽度6~10m 6~10m	可考虑建设共享街道,行人、自行车和机动车共享道路空间,实施限速措施,并设置相应限速标识 6~10m

63

续上表

道路等级	现状（规划）车道数量	道路红线宽度	推荐典型道路断面设置形式
支路	双向2车道	2. 道路红线宽度≥13m	研究单向交通组织，减少机动车道数量，双侧设置独立的自行车道，断面设置优先级如下： ≥2m ≥1.5m 1.5m 3~3.25m 1.5m ≥1.5m ≥2m 优先级 ②① ① ①② ①
支路	双向2车道	3. 道路红线宽度≥16m	压缩机动车道宽度，双侧设置独立的自行车道，断面设置优先级如下： ≥2m ≥1.5m 1.5m 3~3.25m 3~3.25m 1.5m ≥1.5m ≥2m 优先级 ②① ① ①② ①
支路	双向4车道	1. 道路红线宽度≥19.8m	进行专项交通评估，减少机动车道数量，双侧设置独立的自行车道，断面设置优先级如下： ≥2m ≥1.5m 1.5m 0.4m 3~3.25m 3~3.25m 0.4m 1.5m ≥1.5m ≥2m 优先级 ③①① ② ① ①① ③ ①

第3章 慢行交通系统建设指引

续上表

道路等级	现状（规划）车道数量	道路红线宽度	推荐典型道路断面设置形式
支路	双向4车道	2.道路红线宽度≥23.3m	压缩机动车道宽度，双侧设置独立的自行车道，断面设置优先级如下： ≥2m ≥1.5m 3~3.25m 3~3.25m 3~3.25m ≥1.5m ≥2m 1.5m 0.4m 3~3.25m 0.5m 0.4m 1.5m 优先级 ③①① ② ①①① ②①①③①
次干路	双向4车道	1.道路红线宽度≥20.3m	进行专项交通评估，减少机动车道数量，双侧设置独立的自行车道，断面设置优先级如下： ≥2m ≥1.5m 3~3.25m 3~3.25m 3~3.25m ≥1.5m ≥2m 1.5m 0.4m 0.5m 0.4m 1.5m 优先级 ①③①② ① ①① ①①③①
次干路	双向4车道	2.道路红线宽度≥23.3m	压缩机动车道宽度，双侧设置独立的自行车道，断面设置优先级如下： ≥2m ≥1.5m 3~3.25m 3~3.25m 3~3.25m ≥1.5m ≥2m 1.5m 0.4m 0.5m 0.4m 1.5m 优先级 ③①①② ①①① ②①①③①

续上表

道路等级	现状（规划）车道数量	道路红线宽度	推荐典型道路断面设置形式
主、次干路	双向6车道	1. 道路红线宽度≥26.8m	进行专项交通评估,减少机动车道数量,双侧设置独立的自行车道,断面设置优先级如下：
		2. 道路红线宽度≥32m	压缩机动车道宽度,双侧设置独立的自行车道,断面设置优先级如下：
	双向8车道	道路红线宽度≥38.5m	压缩机动车道宽度,双侧设置独立的自行车道,断面设置优先级如下：

具体措施如下：

(1)适当压缩机动车通行空间：包括压缩机动车道宽度设置自行车道(不改变机动车组织策略)和减少机动车道数量设置自行车道(改变机动车组织策略)。

(2)适当压缩机动车路侧停车空间：取消不合理的路内停车泊位，设置自行车道，路外停车位充裕的区域或路内停车泊位与自行车道冲突的区域取消路内停车泊位。夜间停车资源紧张路段，可设置白天自行车道，并配套相应标志，自行车与机动车错时使用路侧空间。

(3)在保障行人通行空间充足的前提下，压缩富余绿化带资源或步行空间。

(4)开放整合建筑退线空间：沿街商业、公园等大型公建开发退线空间，与人行道、自行车道进行一体化设计。

(5)集约布局城市街道家具设施：将座椅、景观小品、自行车停车设施等城市街道家具集约布局到设施带或绿化带；改造行道树树池，使用平树池方式。

3.2.6 自行车道分隔方式

1)自行车道与机动车道的分隔方式

(1)主、次干路的自行车道应采用实体与机动车道进行分隔，如图3-15所示。

a)　　　　　　　　　　　　　　　　b)

图 3-15
主、次干路自行车道与机动车道的分隔方式

(2)支路的自行车道与机动车道共板设置时，可采用标线进行分隔，但宜采用不同的铺装颜色,如图 3-16 所示。

a) b)

图 3-16
支路自行车道与机动车道的分隔方式

2) 自行车道与公交站点的分隔方式

(1) 公交车停靠数量较多的公交停靠站,设置自行车道应采用绕后式,尽可能利用路侧绿化带空间或建筑退线空间拓展人行道腹地空间。人行道空间富余时,通过局部压缩人行道(人行道宽度不应小于 2m),在站台后侧(靠人行道侧)设置自行车道,并设置相应分隔引导设施,如图 3-17 所示。

(2) 人行道空间局限时,对停靠站周边人行道进行局部无障碍设计,引导自行车借用人行道从站台后侧绕行,并设置相应分隔引导设施及标志标线,如图 3-18 所示(浅港湾式公交停靠站处的自行车道变道与停靠站渐变段同步)。

(3) 公交车停靠数量较少的公交停靠站,自行车道设置可采用断开式,自行车与公交车自行拟合,设置停车等待或下车推行等标志标线,如图 3-19 所示。

3) 自行车道与路内停车位的分隔方式

应通过合理设计、铺装等协调自行车道与路内停车位的关系,保障自行车道的畅通性和连续性。如图 3-20 所示,自行车道与路内停车位应进行物理分隔,并设置车辆开门缓冲空间。

第3章 慢行交通系统建设指引

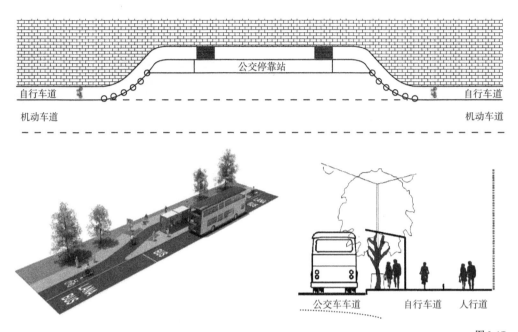

图 3-17
人行道空间富余时公交停靠站处自行车道设置示意图

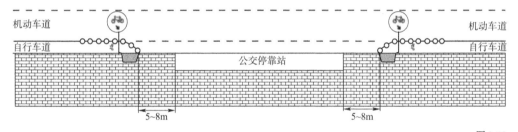

图 3-18
人行道空间局限时公交停靠站处自行车道设置示意图

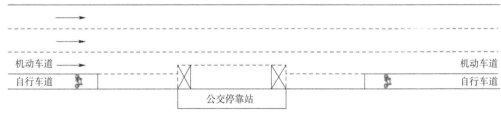

图 3-19
停靠公交车辆数较少的公交停靠站处自行车道设置示意图

a) b)

图 3-20
自行车道与路内停车位分隔方式

4）自行车道与人行道的分隔方式

（1）独立设置的自行车专用车道与人行道应布置在不同的高程上，并采用绿化带等进行分隔；条件受限时，可采用立缘石进行分隔。

（2）自行车专用车道不满足独立设置条件时，可与人行道布置在同一高程上，采用不同铺装（材质、颜色）或标线划线进行区分。

3.2.7 自行车停车设施

1）一般规定

（1）商业区、办公楼、医院、学校等人流聚集场所附近应根据需求设置自行车停车设施。

（2）自行车停车设施应与机动车停车设施分开设置。

（3）自行车停车设施包括建筑物配建自行车停车场、路侧自行车停放区和路外自行车停放区。

（4）路侧自行车停放区优先采用标线等易维护设施。

（5）自行车停车设施布置应符合下列规定：

①大型公共交通枢纽、公共交通换乘站、轨道交通站点处应就近设置自行车停车设施；

②可利用路侧绿化带、设施带和桥下空间布设自行车停车设施,自行车停放空间不得侵入机动车道、人行道和自行车道建筑限界;

③自行车停车场应设置硬质铺装,停车区宜设置车棚、存车支架等设施;

④自行车停车场出入口不宜少于2个,出入口宽度不应小于2.5m;

⑤自行车停车场的间距宜为300~500m,停车规模不宜少于20辆;

⑥自行车停车场宜根据需要设置照明、监控等设施。

(6)自行车停车设施宜满足各类自行车(私人自行车、互联网租赁自行车、公共自行车)停放需求,引导自行车合理停放与有序使用。

(7)路侧和路外自行车停放区应实现各类自行车互通使用,提高停放便利性的同时,实现空间资源集约高效化利用。

(8)公共自行车和互联网租赁自行车应根据城市空间承载力、停放设施资源、居民出行需求适度投放,提高运营管理水平,避免无序停放。

(9)鼓励居住区、商业区、医院、办公楼等设置大型自行车停放区域,对互联网租赁自行车和无桩公共自行车开放使用。

2)设置形式

自行车保有量爆炸式增长也引发了一系列问题,如停放空间狭小,自行车易损坏,随意占用城市、社区及校园的人行道,乱停乱放不仅抢占了公共资源,而且有碍交通,有损地区形象。

普及自行车,首先要解决自行车停放的问题,可以通过施划停车空间,在一定程度上规范自行车停放行为。自行车停放空间有如下几种设置形式。

(1)路侧自行车停放区可结合设施带、绿化带或建筑前区设置,宽度取2.0~2.5m,斜向放置的可为1.5m。为维护自行车停放秩序,建议路侧自行车停放区采用电子围栏等辅助管理技术。

公共自行车停放点有直排式、斜排式两种设置形式,每种形式各有优缺点及适用场合。

①直排式是指自行车与停放架之间呈直角分布,如图3-21所示。该方式下自行车存取较便利,但停车带宽度略大(宽约1.66m),单车占地面积约0.996m²,适合在场地宽度相对充裕的空间使用。

②斜排式是指自行车与停车架之间呈斜角分布,如图3-22所示。该方式下自

行车存取略有不便,但停车带宽度比直排式窄(以45°斜排式为例,宽约1.265m),单车占地面积约1.012m²,适合在场地宽度较小的空间使用。

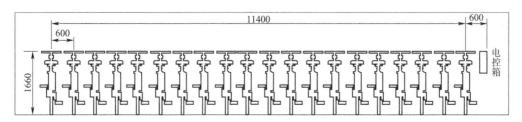

图 3-21
公共自行车停放点直排式示意图(以20辆为例,单位:mm)

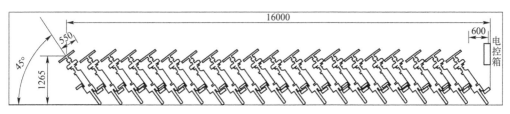

图 3-22
公共自行车停放点斜排式示意图(以20辆45°斜排为例,单位:mm)

(2)建筑物配建自行车停车场和路外自行车停放区的设置形式有平面、多层和立体三种,可根据自行车停放的规模、用地条件、景观要求等选择。

①平面停车场的自行车设置形式有垂直式和斜列式两种,平面布置可按场地条件采用单排或双排排列,分别如图3-23和图3-24所示。不同设置形式对应的自行车停车场的主要设计指标详见表3-7。

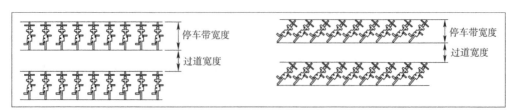

图 3-23
自行车单排停放(垂直式、斜列式)

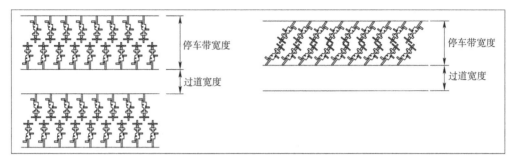

图 3-24
自行车双排停放(垂直式、斜列式)

自行车停车场主要设计指标 表 3-7

停放方式		停车带宽度(m)		车辆横向间距(m)	过道宽度(m)		单位停车面积(m²/veh)			
		单排	双排		单排	双排	单排一侧停车	单排两侧停车	双排一侧停车	双排两侧停车
斜列式	30°	1.00	1.60	0.50	1.20	2.00	2.20	2.00	2.00	1.80
	45°	1.40	2.26	0.50	1.20	2.00	1.84	1.70	1.65	1.51
	60°	1.70	2.77	0.50	1.50	2.60	1.85	1.73	1.67	1.55
垂直式	悬挂式 60°	1.70	2.77	0.50	1.50	2.60	1.85	1.73	1.67	1.55
	平放式	2.00	3.20	0.60	1.50	2.60	2.10	1.98	1.68	1.74

②当自行车停放需求大于或等于100辆,停放场地空间不足时,可采用多层自行车停车场的形式。多层停车架17个车位1组,外形尺寸长×宽×高为3960mm×2100mm×1780mm。布设形式可采用单排或对向排列,过道间距不小于1.7mm。双层横式自行车停车架上层多采用垂直升降式、抽拉式和直压式等方式,使用比较费力,存取步骤烦琐,安全性差。

③自行车的规范管理和合理存放,已经成为当今社会高度关注和政府亟待解决的问题,计算机和电子技术的不断发展,推动自行车立体车库向着专业化、智能化和高自动化发展。此外,城市的日益发展使得土地资源弥足珍贵,在此背景下,空间利用率高、智能化、高效化、便捷化的自行车立体车库无疑成为解决自行车存放问题的利器,从而助力绿色环保出行。兴建机械式自行车立体车库,使传统的

地面停车模式向三维立体空间发展,从而形成新型立体停车模式,是解决自行车存放问题的有效途径。

自行车立体车库属于高效停车的智能设备,它之所以能够逐渐被大众接受并认可,一方面是因为它可以高效利用稀缺的城市空间资源,另一方面是因为它改变了其他普通停车设备存取耗能高、等待时间长的劣势。当自行车停放需求大于或等于150辆,停放场地有限,且对景观有一定要求时,可采用地上或地下立体机械式自行车停车库的形式。立体机械式自行车停车库可有效减少占地面积,如该停车库地面部分占地面积约$8m^2$,地下部分为直径8m的圆筒,深度$5.0 \sim 11.0m$,则可停放自行车$90 \sim 220$辆。

3)布设位置

(1)路侧自行车停放区应按照小规模、高密度的原则进行设置,服务半径不宜大于50m。

(2)轨道交通车站、公共交通枢纽、名胜古迹和公园、广场等周边应设置路外自行车停放区,服务半径不宜大于100m,以方便自行车驻车换乘或抵达。

(3)路侧和路外自行车停放区布设位置一般应符合以下要求:

①除禁止自行车骑行或停放的道路外,城市主干路、次干路、支路以及街区道路均可视条件设置自行车停放区,其中在主干路、次干路设置自行车停放区应当以保障行车安全以及道路交通顺畅为前提,且自行车必须停放在停放区内,保持良好的停放秩序;在支路以及街区道路设置自行车停放区应当以便民适用为原则。

②自行车停放区的设置应当处理好自行车和行人交通的关系,自行车停放区占用人行道设置时,剩余可供通行的人行道宽度不得小于2m;同时不得占用(占压)交叉口人行带、人行横道、公共(电)汽车停靠站,以及人行道上划设的既有自行车道、无障碍设施、盲道、绿道、消防通道、市政管线检查井、箱(井)盖、绿化树池等其他公共设施的空间或影响上述设施的正常使用。

③自行车停放区可因地制宜,充分利用机非分隔带、行道树之间的空间、路侧绿地、轨道交通车站出入口后侧、高架桥下等空间灵活设置;设置自行车停放区时应统筹考虑路侧带内既有市政设施、城市家具、城市绿化、路内停车位等的正常运行。

④城市轨道交通车站、公交停靠站等公共交通枢纽高峰小时客流量较大,周边的人行道空间条件有限时,在征得相关部门同意后,可拓展绿化带内一定范围的灌木带作为自行车停放区。

⑤自行车停放区宜设置在平缓的地面,最大坡度不宜大于4.0%。

⑥自行车停放区外沿轮廓线应当与机动车道或机动车泊位保持安全距离。

⑦城市轨道交通车站宜沿出入口地面亭围护结构两侧及后方地坪设置自行车停放区;公交中途站宜沿站台两侧的路侧带设置自行车停放区。

(4)不应设置路侧和路外自行车停放区的情形:

①宽度小于2.5m的路侧带以及设置停放区后不满足行人通行带最小宽度要求的路侧带,如图3-25所示。

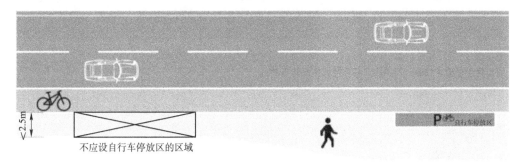

图3-25
路侧带及行人通行带对自行车停放区的设置要求

②城市轨道交通车站出入口地面亭平台前的踏步前缘及公交中途站站台路缘5m以内的路侧带,如图3-26、图3-27所示。

③人行道斜坡、人行横道线等两侧各5m范围内的路侧带,如图3-28所示。

④人行天桥与地道出入口,住宅、办公区、商业区、工业区、医院、学校、文体设施、旅游区等人流较密集的场所主出入口两侧10m以内的路侧带,如图3-29所示。

⑤无障碍设施、盲道及距离上述地点0.25m以内的路侧带,如图3-30所示。

⑥水管、电缆、燃气等地下设施工作井以及距离井盖外缘1m以内的路侧带,

如图 3-31 所示。

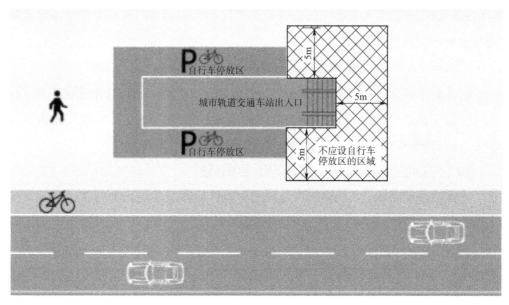

图 3-26
城市轨道交通车站出入口周边自行车停放区设置要求

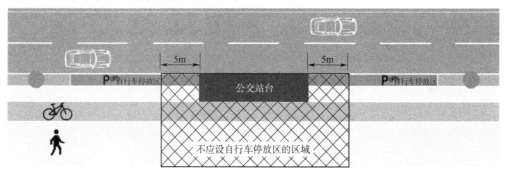

图 3-27
公交中途站周边自行车停放区设置要求

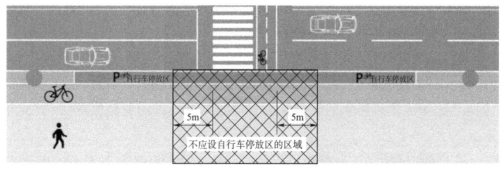

图 3-28
人行横道周边自行车停放区设置要求

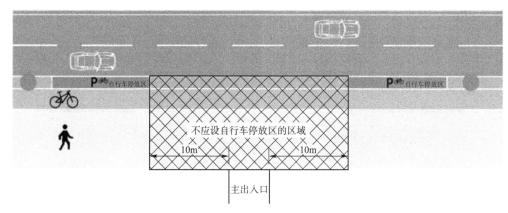

图 3-29
人流集散场地周边自行车停放区设置要求

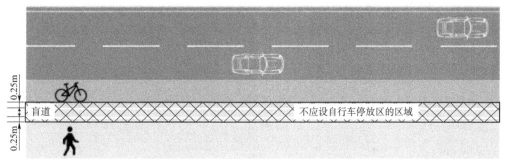

图 3-30
无障碍设施、盲道两侧自行车停放区设置要求

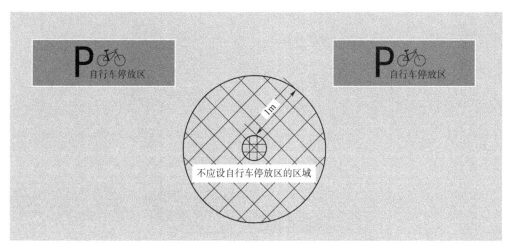

图 3-31
公共设施周边自行车停放区设置要求

⑦坡度大于4.0%的路侧带。

⑧消火栓半径2.5m以内的路侧带，如图3-32所示。

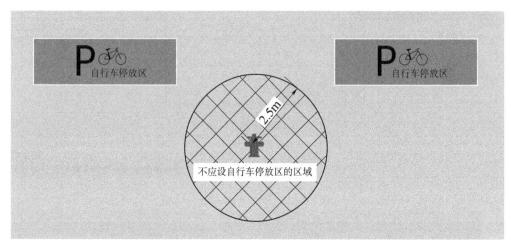

图3-32
消火栓周边自行车停放区设置要求

⑨道路交叉口圆角范围内路侧带及距圆角弧线切点外15m范围内的路侧带，如图3-33所示。

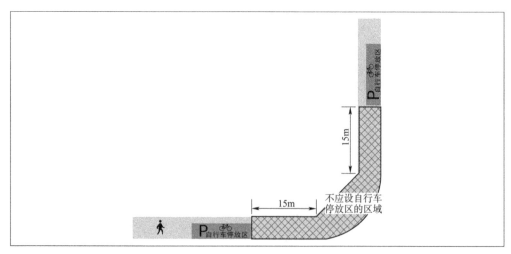

图3-33
道路交叉口周边自行车停放区设置要求

⑩桥梁、隧道出入口50m范围内,如图3-34所示。

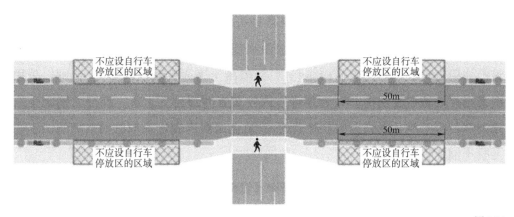

图3-34
桥梁、隧道出入口自行车停放区设置要求

⑪影响沿街商铺正常经营或影响沿线单位人员、车辆进出的空间。
⑫禁止自行车通行的道路、桥梁、隧道等。
⑬未设置自行车专用车道的城市快速路。
⑭相关部门划定禁止自行车停放的路段。
⑮漫水、积水、排水不畅或存在危险边坡的路侧带。

3.2.8 自行车道铺装

1)设计原则

(1)自行车道铺装要求耐用、易养护、视觉上与周边环境协调、安全防滑、舒适平整,在品质提升项目中,还要求保证骑行者的安全性和舒适性。

(2)自行车道铺装应该选择经久耐用的材料,以便后期维护。

(3)自行车道铺装材料应具有较好的防滑性,以保证骑行者的安全。

(4)自行车道铺装材料应与人行道铺装材料,以及周边建筑、城市景观风貌协调统一。除特殊设计需要外,自行车道铺装不宜使用在街道环境中容易显得突兀的铺装颜色(如鲜红、草绿等),铺装色差不能太大,推荐使用灰黑色系。

2)各类铺装材料特性分析

(1)水泥混凝土铺装。

水泥混凝土铺装主要由砂、砾石(或碎石)、水及水泥四种材料组成,混凝土铺面依其施工方式被分为预制混凝土铺面和现浇混凝土铺面两种。混凝土可在灌筑前使用染料或者灌注后使用染色剂,使混凝土表面有颜色的变化,也可以采用图案压模处理或表面仿石材处理等方式使其表面颜色更丰富。混凝土铺面采取预防热胀冷缩的分隔缝和伸缩缝设计,以防止由温度变化造成的铺面破裂。水泥混凝土铺装特性见表3-8。

水泥混凝土铺装特性　　　　表3-8

施工难易度及产品品质	景观性	管理维修性
一般混凝土湿式施工,需做伸缩缝; 现场浇筑,施工简易; 品质视施工与维护情形而定; 适用于各种形状平面,可做多种质感处理; 易满足平整度要求; 表面坚硬无弹性; 管道维修挖掘后,回补混凝土颜色、质感难以与原来相同; 施工后需数天维护期,故不适用于人行稠密区施工	颜色单调; 利用勾缝可排列图案; 可染色色调属低明度,但颜色不易均匀持久	易污损,易清理; 延展性低,容易碎裂; 整体破坏性修护; 推荐透水混凝土原色,长期使用彩色透水混凝土容易褪色,后期维护较困难,色彩饱和度高的材质与整体环境颜色难以协调

(2)沥青混凝土铺装。

沥青混凝土铺面具有防水、耐久、抗酸碱盐等特性,但在受热情况下,会有软化、易移动等缺点,且遇汽油或类似流体有溶解的风险。沥青混凝土铺装特性见表3-9。现行运用于铺面的材料有密级配沥青混凝土、开放级配沥青混凝土、石胶泥沥青混凝土及多孔隙沥青混凝土四种,其中多孔隙沥青混凝土适用于自行车道,其具有高度透水功能,亦可添加色料,创造多样化的图案色彩,但造价较高。

沥青混凝土铺装特性　　　　　　　　　　　　　　　　　　　　　　　　　表 3-9

施工难易度及产品品质	景观性	管理维修性
现场施工； 透水性佳； 有臭味、高温、噪声等公害； 品质需视工法、技术而定； 不需要伸缩缝； 光、热反射率很低	色调灰黑； 可调色但手续繁复； 可拼染各种图案	易污损，不易清理； 整体破坏性修护，维修费用低； 高温时容易软化； 受限于压平路面机械的宽度

（3）砌块铺装。

自行车道采用砌块铺装的优点是与板材铺装的人行道协调程度较高；缺点是防滑性不足，较为密集的砌块缝隙会降低骑行体验。

各种材料特性对比分析见表 3-10。

各种铺装材料特性对比分析表　　　　　　　　　　　　　　　　　　　　表 3-10

路面材料		经济性			与周边环境协调性	安全性（防滑性）	舒适性（平整性）
		施工造价	耐用性	养护难易度			
水泥混凝土	普通水泥混凝土	普通	好	容易	一般	好	好
	彩色水泥混凝土	高	好	容易	视具体情况而定	好	好
	透水水泥混凝土	高	好	难	好	好	好
沥青混凝土	普通沥青混凝土	普通	好	容易	好	好	好
	彩色沥青混凝土	高	好	难	视具体情况而定	好	好
	透水沥青混凝土	高	好	难	好	好	好
砌块	石板砌块路面	高	好	容易	好	差	好
	弹石砌块路面	普通	好	容易	好	好	差

自行车道路面铺装原则上不推荐采用小规格或表面凹凸不平的铺装，以避免颠簸的骑行体验；倡导采用整体式的自行车道路面材料（如沥青混凝土等）。

3）铺装结构

（1）人群荷载下透水沥青混凝土、透水水泥混凝土整体面层自行车道铺装结构如图 3-35 和图 3-36 所示。

（2）轻型荷载下透水沥青混凝土、透水水泥混凝土整体面层自行车道结构建议如图 3-37 和图 3-38 所示。

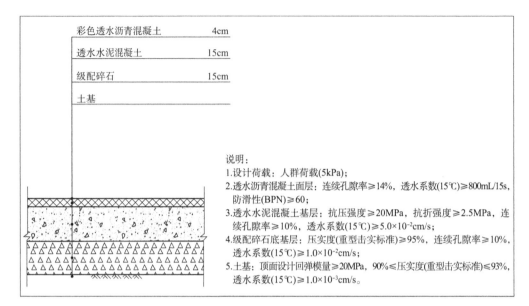

图 3-35
人群荷载下透水沥青混凝土面层自行车道铺装结构图

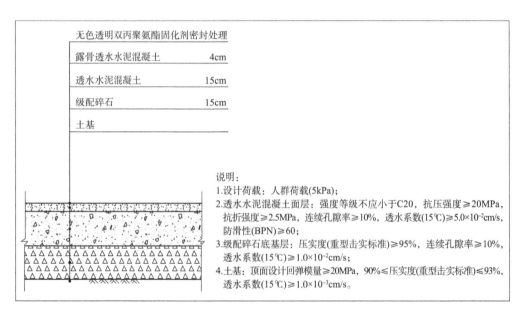

图 3-36
人群荷载下透水水泥混凝土面层自行车道铺装结构图

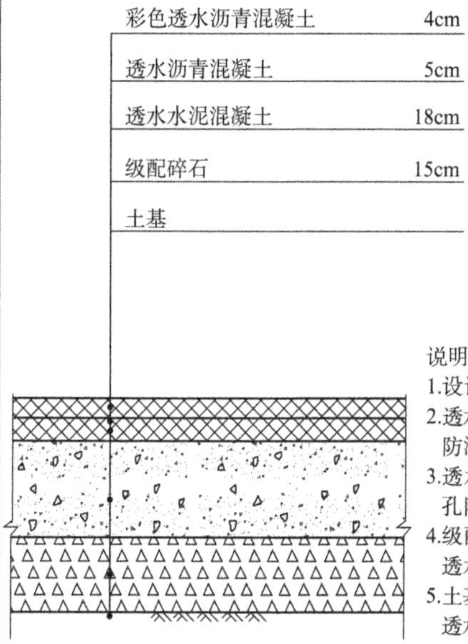

彩色透水沥青混凝土	4cm
透水沥青混凝土	5cm
透水水泥混凝土	18cm
级配碎石	15cm
土基	

说明：
1. 设计荷载：轻型荷载(BZZ-40)；
2. 透水沥青混凝土面层：连续孔隙率≥14%，透水系数(15℃)≥800mL/15s，防滑性(BPN)≥60；
3. 透水水泥混凝土基层：抗压强度≥20MPa，抗折强度≥2.5MPa，连续孔隙率≥10%，透水系数(15℃)≥5.0×10⁻²cm/s；
4. 级配碎石底基层：压实度(重型击实标准)≥95%，连续孔隙率≥10%，透水系数(15℃)≥1.0×10⁻²cm/s；
5. 土基：顶面设计回弹模量≥20MPa，90%≤压实度(重型击实标准)≤93%，透水系数(15℃)≥1.0×10⁻³cm/s。

图 3-37
轻型荷载下透水沥青混凝土面层自行车道铺装结构图

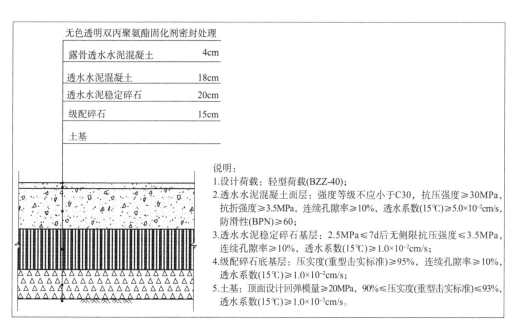

图 3-38
轻型荷载下透水水泥混凝土面层自行车道铺装结构图

4)铺装设计要点

(1)自行车道路面结构应满足平整、抗滑、耐久、美观、易维护等要求,并与周边环境相协调,尤其在运用彩色的自行车道时,必须保证其视觉上与整体空间环境的协调一致。

(2)自行车道宜采用环保材料铺装,一般地区宜采用透水路面结构,特殊地区应采用不透水路面结构。路面结构厚度应根据路面荷载、地基承载力、材料及土基性质等计算确定,透水路面结构还应满足透水、储水要求。

(3)自行车道上面积大于$0.09m^2$的市政管道检查井盖,其表面宜进行铺装,铺装的样式、材质及颜色等应与自行车道一致。

(4)自行车道上雨水箅子的格栅长边应与自行车行驶方向垂直。

(5)采用机非共板方式及机非共享路权方式设置的自行车道原则上使用机动车道路面结构,通过护栏进行区别或分隔。

(6)自行车道平面通过次干路及以上等级城市道路机动车道、铁路或其他不能满足安全通行条件的路段,应进行端部设计,保证通行安全。

(7)自行车道端部应施划自行车道标记和行驶方向箭头,并设置相应标志,必要时应设置柔性防护桩等分隔防护设施。

5)施工控制

(1)严格控制结合料的质量,避免在后期使用过程中出现石粒料易脱落的问题。

(2)严格控制染色层色彩均匀度,确保色差可控。

(3)施工时注意对路缘石采取有效的成品保护措施,避免造成不可消除的影响,降低路缘石的观感品质。

(4)伸缩缝切割应与铺装或路缘石整齐对缝。

3.3 慢行交通系统过街设施建设指引

地面行人过街问题是城市交通中的重要问题。目前广泛应用的慢行交通系统过街设施包括人行横道、行人过街安全岛、行人过街信号灯等，它们不同程度地实现了行人与车辆在时间、空间上的完全分离，从而保证行人和车辆安全、便捷通行。

3.3.1 交通稳静化

1) 交通稳静化的定义

交通稳静化是降低机动车行驶速度及交通量的一种设计策略。1997年美国交通工程师协会(Institute of Transportation Engineerings, ITE)对交通稳静化给出了具体定义：通过系统的硬设施（如物理措施等）及软设施（如政策、立法、技术标准等）降低机动车对居民环境质量及环境的负效应，改鲁莽驾驶为人性化驾驶，改变行人及非机动车环境，以期达到交通安全以及街道的可居住性、可行走性。总之，交通稳静化可有效降低车辆速度，提高慢行过街安全性，减少交通事故的发生。

2) 交通稳静化的应用范围

(1) 在行人和自行车交通流量占总通过流量比例较大的路段和交叉口、城市商业中心区、政务区、公共活动中心区、居住区、学校、医院，以及其他强调行人优先，应因地制宜地采用交通稳静化措施，实现机动车交通的减速、减量和降噪，为人们的活动等提供安全、舒适的场所。

(2) 在居住区、商业区、历史遗迹区和风景名胜区等行人活动密集区域，机动车限速应为30km/h。

(3)交通稳静化措施主要是针对机动车,降低机动车的速度、流量、噪声、废气排放等,不宜用于主干路和交通性较强的次干路。

(4)当行人与自行车交通冲突较严重时,也可对自行车采取交通稳静化措施。

(5)在有公交车通行的道路上,所采用的交通稳静化措施不得影响公交车安全,应使公交车舒适地通行。

(6)交通稳静化工程措施应配合设置相应的禁令、警告、指示等交通标志。

3)交通稳静化措施

(1)过街抬高。

过街抬高是使用抬高行人过街路面高度的方式提醒驾驶员降低机动车速度的交通稳静化措施。过街抬高可以渠化行人过街,提醒驾驶员控制车辆速度,使驾驶员与行人之间的可视性更好,以便驾驶员及时发现过街行人,提高安全性。

过街抬高适用于两条非交通性次支路且行人过街交通量较大的路段过街处,配有人行横道标线的平顶路拱,设计时需加强排水设计。

(2)减小转弯半径。

转弯半径直接影响车辆转弯速度和人行横道的长度。将转弯半径最小化,对于创建具有安全转弯速度的紧凑型交叉口至关重要。

转弯半径的大小与人行横道的长短直接相关。对于转弯半径较大的人行道,车辆转弯速度会更快,并增加行人暴露在交通系统中的机会,降低安全性。为人行道设计尽可能小的转弯半径,可以扩大行人专用区域,从而获得更多的直线步行路径和更好的行人坡道,改善可及性。减小转弯半径可以降低车辆转弯速度,并缩短人行横道的长度。

(3)交叉口窄化。

交叉口窄化是使用减小交叉口道路宽度的方式降低机动车速度的交通稳静化措施。交叉口窄化有助于驾驶员意识到正在进入交通稳静化区而不得不降低车速,同时减小了行人过街距离。交叉口窄化适用于交通量不大的双向4车道或2车道次干路或支路、道路两侧设有停车位的交叉口,既可以增加停车位,又可以增加行人的可视范围。

(4)窄点。

窄点一般是在街区中段缩窄道路,可以与减速台结合使用,以打造高质量的人行横道,也可以用在低容量的双向街道上,确保能与对向行驶的车辆相互避让。与窄点相连的人行横道可以缩短街区中段人行道的长度。在街区中段,将道路上的两条车道减少为一条,驾驶员会被迫降低驾驶速度,并为对面驶来的车辆让路。在窄点处车道宽度应有3.5m,以供应急车辆通行。

3.3.2 右转弯内轮差危险区警示带

1)右转弯内轮差危险区警示带概述

内轮差是指车辆转弯时内前轮转弯半径与内后轮转弯半径之差。由于存在内轮差,车辆转弯时,前、后车轮的运动轨迹不重合。影响车辆内轮差的因素有轴距、转弯半径和弯道半径等。由于行人和非机动车驾驶者对内轮差忽视、大型车辆驾驶员粗心大意和安全意识淡薄,大型车辆交叉口伤亡事故频发。

近年来,随着城市建设持续加速、港口物流行业飞速发展,深圳市泥头车、搅拌车、货柜车等大型车辆数量增加,给城市道路交通安全管理带来了压力和挑战,深圳市大量交通事故发生在交叉口位置。由于大型车辆盲区大、车辆长,在右转弯的情况下驾驶员和行人双方稍有疏忽而避让不及则易导致交通事故发生,因此大型车辆经常通行的交叉口往往交通安全形势较为严峻。为此,设置大型车辆右转弯内轮差危险区警示带,用以警示行人和非机动车驾驶者勿进入机动车道等待红绿灯,以及警示大型车辆右转弯时应在保证交通安全的前提下"转大弯",切实加强行人、非机动车驾驶者、大型车辆驾驶员的安全意识。

大型车辆右转弯内轮差危险区警示带仅仅对行人、非机动车驾驶者、大型车辆驾驶员等交通参与者的安全警示起辅助作用,大型车辆右转弯时的安全风险依然存在,各交通参与者应谨遵相关交通安全法律法规。

2)右转弯内轮差危险区警示带设置流程

(1)交叉口转角选定。

交叉口转角选定原则如下:

①转角未设置右转渠化岛。

②路缘石转弯半径宜大于或等于9m。《城市道路交叉口规划规范》(GB 50647—2011)第3.5.2条规定无非机动车道路缘石转弯半径最小为10m,深圳市交通运输委员会2015年发布的《建设项目机动车出入口开设技术指引

（试行）》第7.0.6条规定重型载货汽车最小转弯半径为9~12m，故取9m。

③重型货车、渣土自卸车、水泥搅拌车等重型车辆的主要通道沿线交叉口，该交叉口转角处连接的人行横道线为重要过街通道，或者曾发生过重大安全事故。

（2）模拟车型选定。

①根据该交叉口常见的右转大型车辆，如重型货车、渣土自卸车、水泥搅拌车等载重车辆和干线公交车，选定需要模拟的车型。深圳市常见大型车辆尺寸规格见表3-11。

深圳市常见大型车辆尺寸规格参考表　　　表3-11

常见车型	总长（mm）	轴距（mm）	车宽（mm）	轴数	图片
渣土自卸车、水泥搅拌车	9950	1850+3200+1350	2500	4	
货车（大）、半挂牵引车	15500	1200+4300+8000	2500	5	
公交车	12500	5880	2800	2	

②若交叉口有公交路线，需用公交车型模拟轨迹，并取最大范围轨迹线；若交叉口有半挂牵引车通行需求，采用半挂牵引车型模拟轨迹。

（3）车辆右转轨迹模拟。

①车辆轨迹模拟软件可选取Auto TURN等专业车辆轨迹模拟软件，渣土自卸车/水泥搅拌车、半挂牵引车、钝角相交交叉口渣土自卸车的右转轨迹模拟图分别如图3-39~图3-41所示。

第3章 慢行交通系统建设指引

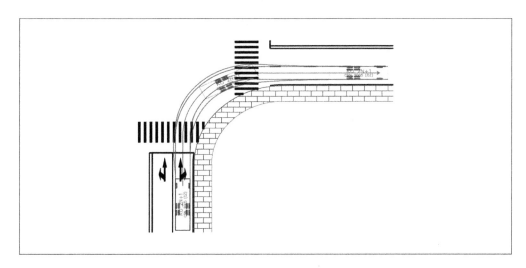

图 3-39
渣土自卸车/水泥搅拌车右转轨迹模拟图

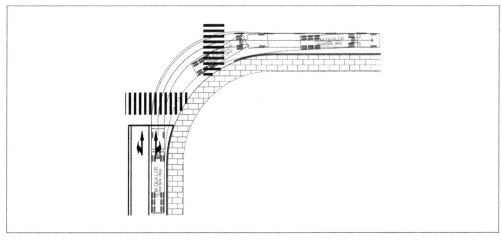

图 3-40
半挂牵引车右转轨迹模拟图

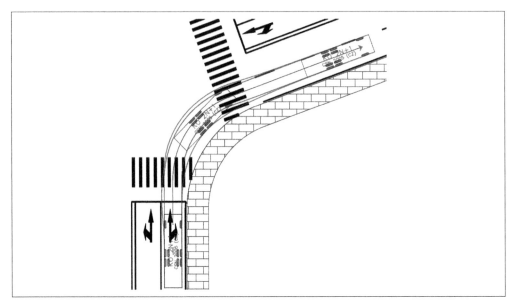

图 3-41
钝角相交交叉口渣土自卸车右转轨迹模拟图

②根据地形图以及交通标线,绘制精准的交叉口交通组织平面图作为轨迹模拟底图。

③重型货车最小转弯半径为 9~12m,公交车的最小转弯半径约为 12m,半挂牵引车最小转弯半径为 12~15m(车辆总长 10~13m)。转角为钝角时需根据实际情况调整转弯半径。

④原则上均选取最右侧机动车道中心线作为模拟车辆行进中心线,轨迹模拟特别困难以致无法正常转入右侧出口车道的,行驶中心线可适当向路中偏移,但不应超出最右侧车道范围。

⑤模拟车辆后外轮轨迹线不得越过路缘边线,且与路缘石保持 25cm 及以上净距。

⑥若遇到锐角转角等特殊交叉口形式,采用渣土自卸车/水泥搅拌车均无法正常模拟轨迹的,则该转角处不建议设置右转弯内轮差危险区警示带。

3)右转弯内轮差危险区警示带设置方案

如图 3-42 所示,选取前内轮轨迹线、后内轮轨迹线合围的区域作为右转弯内轮差危险区警示带预设范围,如图 4-43 所示。

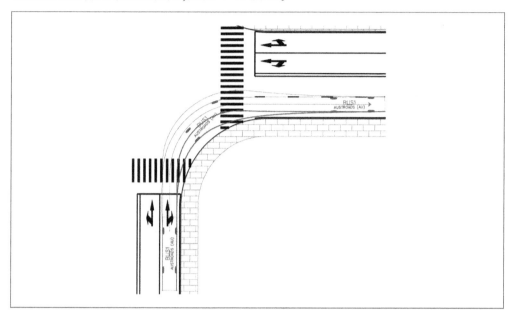

图 3-42
前内轮轨迹线、后内轮轨迹线以及停止线

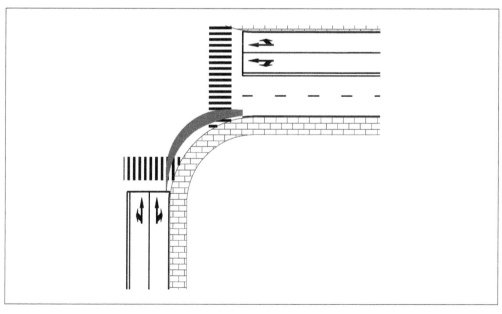

图 3-43
右转弯危险区警示带预设范围

在预设范围基础上,可选择两种警示带设置方案。

(1)月牙形(应用于常规交叉口或需重点提示交叉口,如口岸和物流园周边):人行横道处仅保留前内轮轨迹线,前内轮轨迹线在两端停止线(及其延长线)处终止,其余不变,即为标准型右转弯内轮差危险区警示带范围,如图3-44所示。

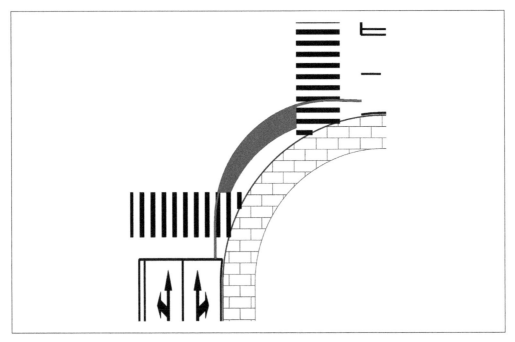

图3-44
月牙形右转弯内轮差危险区警示带范围

(2)划线型(应用于临时提示交叉口,如临时工地周边):仅选取前内轮轨迹线作为划线型右转弯内轮差危险区警示带范围,前内轮轨迹线延长至转角两端停止线处,如图3-45所示。

4)右转弯内轮差危险区警示带施工要点

(1)标线采用深标Ⅲ型热熔标线,标线材料及施工要求应符合《路面标线涂料》(JT/T 280—2022)标准要求。

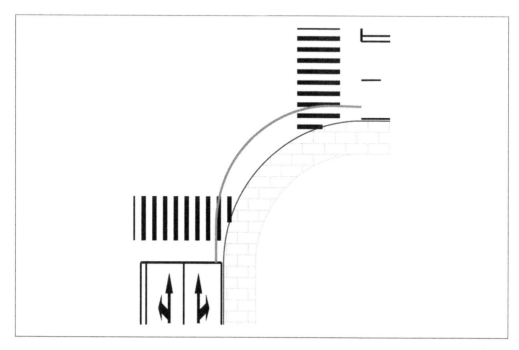

图 3-45
划线型右转弯内轮差危险区警示带范围

(2)右转弯内轮差危险区警示带的底色采用《建筑颜色的表示方法》(GB/T 18922—2008)1091 号色,地面文字为白色文字。

(3)右转弯内轮差危险区警示带标准地面警示文字为"危险区勿入 DANGER ZONE"。字体采用黑体,汉字高度宜为 0.5m,英文字高宜为 0.3m。

(4)前内轮轨迹宜用振动标线施划,宽 0.2m,沿振动标线内侧宜设置太阳能反光道钉,布置间距 2m。其中,人行横道线范围内的前内轮轨迹不采用振动标线,不设置太阳能反光道钉。

(5)设置警示带的交叉口须配套设置人行分隔护栏,护栏款式应与路段一致,且不得妨碍人行横道上行人通行。

右转弯内轮差危险区警示带示意图和实施效果图分别如图 3-46 和图 3-47 所示。

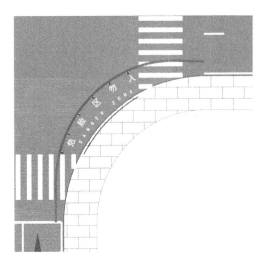
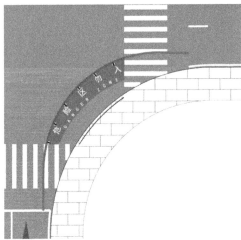

图 3-46
月牙形、划线型右转弯内轮差危险区警示带示意图

图 3-47
试点实施效果示意图

3.3.3 阶梯式人行横道

3车道及以上的道路上没有信号灯控制的人行横道,由于道路较宽,路况较好,车速较快,行人过马路时存在一定的交通安全隐患,如发生人行横道的"鬼探头"事故。人行横道上的"鬼探头"事故是指当前方车辆在人行横道前停车礼让时,后方车辆驾驶员和过街行人、非机动车驾驶者均被前方礼让车辆遮挡视线,特别是中间车道的车辆会被两侧车道车辆遮挡,从而产生视觉盲区,以致没有反应与躲避的时间和空间,最终发生的交通事故。

为了最大限度地消除人行横道上"鬼探头"事故安全隐患,交叉口处将人行横道调整为阶梯式(图3-48),即从人行横道一侧车道开始依次后退停止线,形成阶梯状。经改造后两边停止线距离人行横道3m,中间停止线距离人行横道5m,形成凹字形阶梯式停止线。此外,还采用黄方格的形式来提醒车辆禁停以及礼让行人。适当延长制动距离,使车辆与人行横道保持一定的安全距离,增加驾驶员看清前方路况后的反应时间,可以避免中间车辆由于视线受阻而紧急制动距离不足的问题。同时,这也有利于机动车驾驶员、行人和非机动车驾驶者在过街时均能及时发现对方,有效消除视觉盲区。在人行横道前设置渐变导流线收窄车道宽度,并在导流线上设置反光道钉,则可从视觉上提前警示机动车驾驶员前方有人行横道,需减速慢行,通过对标线进行小改动,排除大隐患。

a)

b)

图3-48
阶梯式人行横道示意图

3.3.4 交通岛

1）交通岛的定义及设置意义

交通岛是指为渠化分割交通流和提供行人过街驻足区域而设置在路面上的各种岛状设施。按设置与设计可分为二次过街岛和渠化岛；按功能可分为导流岛和安全岛。二次过街岛给行人提供了二次过街的安全驻足区域；渠化岛是通过在道路设置交通岛、设立标志来疏导、引导道路交通流，使交通顺畅，以达到提高道路通行能力确保行车安全和行人安全的目的。

交通岛可以有效改善行人的步行环境，对于提高行人过街安全性起着十分重要的作用。合理设置交通岛对于提高交通效率以及行人过街交通安全均有较大帮助；在交通效率方面，交通岛一方面缩窄交叉口空间、提高交叉口通车效率，另一方面分割车流、提高右转效率；在过街安全方面，交通岛缩短行人一次过街距离，保护行人。在平面交叉口渠化设计中，交通岛的设置是一项非常重要的内容，其关系到整个交叉口的运行效率、交通安全。

2）总体设置原则

改善交通岛安全必须加强源头管理。通过加强驾驶员安全教育和行车管理，确保车辆按照规范车速和正常轨迹行驶，是提升路口安全水平的核心措施。同时，二次过街岛、渠化岛设施提升涉及诸多方面，应遵循以下具体原则：

（1）交通岛应优先保障行人一次过街、最短时间过街，最大限度减少行人在路中的停留时间，缩短行人等候时间，控制岛内行人驻留密度。

（2）交通岛形式应根据道路的功能、等级、交叉口类型、行人过街流量、车流量、交通控制方式及地形条件等因素确定。在交通岛形式不能满足交通的要求时，可设置其他过街设施。

（3）交叉口二次过街岛、渠化岛的设置应综合考虑行人过街安全冗余、各类出行群体的过街需求等因素，并协同交警部门优化信号控制。当需要设置二次过街岛或渠化岛时，应提高交通岛防护水平。

（4）人行横道线宜设置于路口转弯半径以外，以缩短行人过街距离。

3）交叉口交通岛平面设计

（1）渠化岛的偏移距、内移距及端部圆曲线半径满足《城市道路交叉口设计规程》（CJJ 152—2010）第4.7.6节的有关规定，渠化岛的偏移距不宜低于0.75m。

(2)二次过街岛岛头及其交通设施与相交道路进口道车道边缘线及其延长线的退后距离不应小于1.5m,二次过街岛的宽度不应小于2m,迎车端岛头长度宜不小于1m。因条件限制行人驻足空间不足时,二次过街岛两侧人行横道可错开设置。

(3)当二次过街岛两端均设岛头时,两端岛头均应设置反光装置。

(4)当二次过街岛设于无中央分隔带的交叉口时,可通过减窄转角交通岛、利用转角曲线范围内的扩展空间、缩减进出口车道宽度等措施设置行人二次过街岛,二次过街岛所在方向进口道内侧边缘线应与二次过街岛边缘线顺直衔接,内侧导向车道的宽度宜为3.5m。岛头前应设置接近障碍物标线,其对应渐变段长度及标线规格应符合《城市道路交通标志和标线设置规范》(GB 51038—2015)第14.2.3、14.3.3、14.3.4节的有关规定,交叉口直行车道进口道和出口车道应保持对齐,当进出口道存在错位、渐变率大于设计速度规定的交叉口渐变率时,宜设置直行导向线。

(5)设有渠化岛的交叉口,在渠化岛前直行车道与右转车道的车道分界线,从导流线起点至上游展宽段起点应采用振动标线,振动标线设计应采用《深圳市道路交通安全设施维护工程施工图设计图样》(图集号:18JT-ZY 2018版)规定图样。

(6)当需设置渠化岛时,渠化岛的面积(包括岛端尖角标线部分)不宜小于20m^2。

(7)渠化岛内不宜设置指路标志。

4)二次过街岛及渠化岛岛头设计

(1)二次过街岛及渠化岛不应采用地面标线形式,迎车端岛头距地面高度宜为45cm,岛头及基础应一体化设计,宜采用整石、C30钢筋混凝土浇筑等。岛头迎车面上端宜增设10cm高的Ⅳ类(超强级)反光膜。

(2)钢筋混凝土岛头侧面宜增设约10mm厚的Q235B钢板,钢板地下埋深及地面高度与岛头一致,地面上部1/3高度宜雕刻15cm高纹饰。钢构件全部采用热镀锌防腐处理,镀锌前应确保钢构件表面平齐、光滑。镀锌层应颜色一致、均匀完整,表面不应有流挂、滴瘤或多余结块,镀件表面应无漏镀、露铁等缺陷,镀锌量不低于600g/m^2,平均厚度为85μm。

(3)设置渠化岛时,应尽量加大渠化岛迎车端岛头长度,长度宜不小于1.2m,并可适当缩小背车端岛头长度,以保障岛内行人驻足空间。

(4)二次过街岛、渠化岛迎车端岛头上应设置反光标板。

相关效果图如图3-49～图3-51所示。

图 3-49
交叉口二次过街岛、渠化岛设施完善方案效果图

图 3-50
二次过街岛岛头方案效果图

图 3-51
渠化岛岛头方案效果图

3.4 建筑前区建设指引

建筑前区是指建筑退线空间,也就是用地红线与建筑控制线(建筑红线)之间的建筑退让空间。其具有公众开放空间属性,被纳入步行交通空间,供行人进出建筑物、沿建筑物边缘行走。

各城市规划管理在建筑管理部分均有对建筑后退规划道路红线最小距离的规定,并作为地方建设管理规定,具有一定的法律效力。在实际的控制性详细规划编制过程中,对道路断面的控制更多地集中在道路红线范围内断面形式的布置,较少将退线空间纳入道路断面中统一考虑。而在规划实施过程中,退线空间只有距离规定而无具体空间形式的规划引导,土地所有权者可以根据自己的意愿对这一空间进行建设。不同的退线空间使用方式将导致退线空间与城市道路空间的衔接呈现不同的面貌乃至不同的高差。

因此,在控制性详细规划阶段,对于建筑的后退要把握好道路红线、建筑红线以及建筑后退红线三者之间的关系。通过小建筑退线、高贴线率形成连续街墙,统一街道界面,最终形成人性化尺度的街道环境和慢行空间。

3.4.1 建筑前区建设的总体原则

(1)开放性:建筑前区不应封闭,应与人行道连通,空间足够时鼓励商业外摆或设置休闲活动区,激发街道活力。

(2)连续化:相邻建筑前区空间之间应协调断面设计,保证退缩位形成连续流动空间。

(3)人性化:退线空间与人行道之间做到无高差,便于无障碍通行。

3.4.2 建筑前区设计要点

(1)建筑退线空间宜作为公众交流与活动的场所,通过配置适宜的建筑立面设施(如窗户、门、遮阳棚和阳台等),创造丰富的行为和视觉体验。

(2)建筑退线空间宜设置绿地、广场等公共空间,除居住区、医院、学校、市政公用设施及其他有管理或安全需要的建筑外,建筑退线空间不应设置围墙或围栏,如图3-52所示。

(3)相邻城市用地地块之间应利用退线空间设置地块连通径,并且全天候向公众开放。

(4)人行道空间不足时,退线空间应与人行道共同构成通行空间,退线空间宽度足够(≥3m)时可设置休闲区。

(5)商业综合体、综合交通枢纽等建筑地块应适当增加建筑退线空间宽度。

(6)密度一、二区的居住和商业用地内,其建筑群房层数宜多于2层。

(7)承担步行交通功能的建筑退线空间不应设置机动车停车位,也不得改为商业用途。

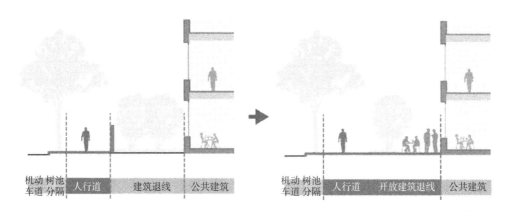

图3-52
建筑退线空间设计示意图

第 4 章
景观绿化建设指引

城市道路品质提升建设指引与实践
——以深圳市为例

城市道路景观不仅包括绿化,还应融合文化艺术、历史人文等多种要素,丰富其内涵。城市道路绿化是城市道路品质提升的核心要素之一,对美化城市环境、丰富城市景观、净化城市空气,以及为行人遮阴蔽日具有重要的作用。城市道路景观应遵循"以人为本"、绿色环保的原则,塑造安全、绿色、活力、智慧的高品质城市道路空间,其规划理念包括:

(1)强化城市道路空间的节奏感和序列感,体现城市的个性和气质;

(2)坚持城市道路空间组织的人性化程式,体现人文关怀空间维度;

(3)增大人行道和非机动车道空间,强化"以人为本"的理念;

(4)确立城市道路两侧景观设置与交通线、城市建筑线之间的关系,使之成为城市功能和城市文化的完整载体,组合表达城市"肌理";

(5)打造深圳市绿化特色,塑造"林木葱茂、绿树成荫、繁花似锦、简洁大方、生态节约"的南亚热带城市道路景观特色。

4.1 景观绿化建设总体原则

(1)景观规划采用系统性思路,强调道路景观与慢行环境相结合,利用绿道网络、公共开放空间、公共艺术等打造"以人为本"的慢行环境。

(2)建立与城市文化相匹配的景观环境,生活性道路需增加步行空间,步行区的景观设计应更为特色化、人性化、精细化;交通性道路应在大的尺度上突出特色,避免因为景观营造而妨碍交通安全。

(3)提供多样的休闲、交往场所,塑造城市活力空间;道路两侧的休闲区等场地应考虑交通可达性及相应停留设施配置。

(4)引导慢节奏的生活方式,在生活性道路上开辟餐饮、娱乐、休闲、文化等多种体验空间;营造慢节奏的生活氛围,使城市居民和游客享有全身心放松的体验。

(5)艺术小品的主题及形式应结合周边的环境景观进行设计,尺度适宜、形态优美,以突出深圳市的历史文化、自然或人文环境的特点。

(6)道路内的公共服务设施尺度应以人体工程学为基础确定,以区域内文化特征为设施形态设计的依据,同时应考虑使用者的便利性,与周边的景观环境相协调,并与其他服务设施进行一体化设计。

(7)应尽量提高道路绿化覆盖率,发展多元化的绿化方式,减小城市热岛效应。

4.2 景观绿化建设定位

城市道路景观绿化建设定位应依据城市道路等级以及城市道路周边用地性质等因素确定,并与城市建筑、自然和人文风貌相协调。城市道路景观路一般可分为城市交通性干路(快速路或交通性主干路)景观路、商业街景观路、生活性景观路,不同景观定位的道路具有不同的景观特点及风格。

1)城市快速路景观路

如图4-1~图4-3所示,城市快速路景观强调以车为视角,整体上宜疏朗大气,设计风格以营造绿色行车安全氛围为前提。中央分隔带主要选择常绿灌木,以起到稳定的防眩作用;机动车侧绿化带种植林缘线退让不小于1m,以保证行车视线的开阔与缓冲。

图4-1
快速路参考景观断面(一)

图4-2
快速路参考景观断面(二)

图 4-3
快速路景观示意图

2）城市交通性主干路景观路

如图 4-4、图 4-5 所示，主干路的景观设计风格宜兼顾车行视角与人行视角，优先体现城市园林风貌与特色。植物设计选择观赏价值高的、有地方特色的植物，合理搭配，四季花开不断，在风格统一的前提下体现一定的变化；设计主题融入当地人文精神，适当结合景观小品设计，突出城市的整体轮廓形象。

图 4-4
主干路参考景观断面

第4章 景观绿化建设指引

图4-5
主干路景观示意图

3）商业街景观路

如图4-6～图4-8所示,商业街景观设计风格强调人行视角,体现商业街整体的商业氛围。绿化以行道树树池绿化为主要形式,间距不宜低于8m,以提高景观通透性,方便人流的穿越,营造便捷、轻松的购物环境。

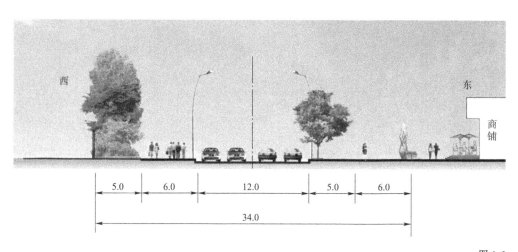

图4-6
商业街参考景观断面(一)(单位:m)

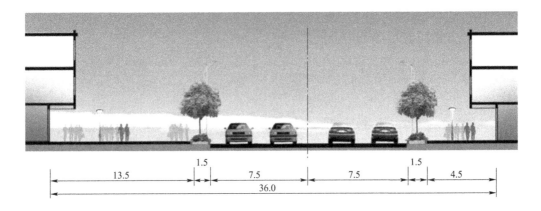

图 4-7
商业街参考景观断面(二)(单位:m)

图 4-8
商业街景观示意图

4)生活性景观路

如图4-9所示,生活性景观路设计风格强调人行视角,服务周边居民建筑,同时体现道路的景观个性。行道树绿化以树带形式为主,增强分隔作用,间距宜为5~6m。植物宜选择常绿遮阴植物,注重整齐序列效果,并从属于片区行道树种整体规划;较宽的城市绿化带内宜种植乔、灌、草、藤以加强降噪隔尘的生态功能,并融入休憩空间、景观设施等,体现生活性景观路的服务功能。

图4-9
生活性景观路参考景观断面(单位:m)

4.3 特色花卉景观大道建设指引

特色花卉景观大道简称花景大道,是指在城市快速路、主干路等重点路段,或对区域有重要意义的路段,按照"一路一花景"的思路,沿线规模化种植某一种开花乔木,同时配以其他花卉植物,体现城市风貌及绿化特色的道路。

4.3.1 特色花卉景观大道配置原则

(1)花景大道的配置遵循大体量、规模种植、主题突出的原则,植物品种要相对统一,其他辅助的配景开花植物要能烘托主题。

(2)主体开花乔木的数量宜占总乔木数量的大多数;需有多种花卉植物与开花乔木属于不同观赏期,形成多层次花卉景观;同时配置其他花卉植物,尽可能达到四季都有花卉景观的观赏效果。

(3)针对同一花卉植物品种,采取带状种植方式时,应尽可能选取相似规格,以达到整齐统一的景观效果;采取自然式的种植方式时,宜选取不同的规格搭配种植,以达到错落有致、自然美观的效果。

(4)中央分隔带宽度大于5m时,可种植大乔木;宽度为3~5m时,宜种植中等乔木;宽度小于3m时,宜以种植灌木和草本植物为主,不建议种植乔木,如有需求可适当种植小乔木。两侧分车绿化带应以龟背形地形处理。分车绿化带的植物宜选用抗污染、抗烟尘、耐贫瘠、生命力强、无落果的树种。

(5)行道树绿化带应以分支点高、遮阴能力强、无落果的树种为主。

(6)道路红线外侧绿化带的宽度大于5m时,宜进行微地形处理。

4.3.2 特色花卉景观大道开花植物品种推荐

花景大道是城市景观的骨架,是体现城市文化风貌与景观特色的重点区域。

开花植物品种以花量大、色彩饱满、花期长的高大乔木为主,搭配相应色彩的中层植物,给人统一、震撼、气势恢宏的视觉感受。

4.3.3 特色花卉景观大道建设指引

1)特色花卉景观大道绿化断面布置形式

根据行车道的分隔情况,特色花卉景观大道分为如下四种断面,分别为一板二带式、二板三带式、三板四带式、四板五带式,可以通过综合应用观花乔木、灌木、宿根地被、时令花卉等不同搭配形式提升植物景观。

(1)一板二带式(图4-10)。一板二带式最常见的绿化模式是"机动车道 + 两条绿带"的空间形态,绿地形式为行车道+行道树绿带。

图4-10
一板二带式

(2)二板三带式(图4-11)。二板三带式较为常见的绿化模式是"机动车道 + 三条绿带"的空间形态,绿地形式为一条中间分车绿带+两条行道树绿带。

图4-11
二板三带式

（3）三板四带式（图4-12）。三板四带式较为常见的绿化模式是"机动车道 + 辅道 + 四条绿带"的空间形态，绿地形式为两条两侧分车绿带 + 两条行道树绿带。

图4-12
三板四带式

（4）四板五带式（图4-13）。四板五带式常见的绿化模式是"机动车道 + 辅道 + 五条绿带"的空间形态，绿地形式为一条中间分车绿带 + 两条两侧分车绿带 + 两条行道树绿带。

图4-13
四板五带式

2）特色花卉景观大道开花植物品种推荐

花景大道是城市景观的骨架，是体现城市文化风貌与景观特色的重点区域。开花植物品种以花量大、色彩饱满、花期长的高大乔木为主，搭配相应色彩的中层植物，给人一种统一震撼、气势恢宏的视觉感受。特色花卉景观大道开花植物品种推荐如表4-1所示。

开花植物品种推荐表 表4-1

分类	序号	植物名称	观赏月份											
			1	2	3	4	5	6	7	8	9	10	11	12
乔木	1	凤凰木					■	■	■					
	2	火焰树				■	■	■	■	■	■	■	■	
	3	澳洲火焰木				■	■	■	■					
	4	宫粉紫荆		■	■									
	5	粉花山扁豆					■	■						
	6	美丽异木棉									■	■	■	
	7	紫薇风铃木			■	■								
	8	腊肠树				■	■	■						
	9	黄花风铃木			■	■								
	10	大叶紫薇					■	■	■					
	11	蓝花楹				■	■							
灌木	12	簕杜鹃	■	■	■	■	■	■				■	■	■
	13	朱缨花							■	■	■	■		
	14	粉花夹竹桃			■	■	■	■	■					
	15	细叶紫薇					■	■	■					
	16	黄花夹竹桃				■	■	■	■	■	■			
	17	角茎野牡丹					■	■	■	■				

(1)凤凰木(图4-14)。凤凰木植株高大,树皮粗糙,呈灰褐色,树冠扁圆形,分枝多而开展。花大而美丽,呈鲜红至橙红色,花期为5—7月,果期8—10月。凤凰木为典型热带强喜光树种,生长迅速,喜高温多湿气候,不耐寒(冬季耐受温度不低于8℃),浅根性但根系发达,抗风能力强,耐大气污染,耐干旱和瘠薄,对低温、霜冻反应敏感,在排水良好、土质肥沃、富含有机质的微酸性砂质壤土生长旺盛。

(2)火焰树(图4-15)。火焰树开花时花朵多而密集,花色猩红,花姿艳丽,形如火焰,满树开花的景象更为壮观,故名火焰树。其树皮平滑,呈灰褐色。叶片呈椭圆形至倒卵形,花冠一侧膨大,基部紧缩成细筒状,檐部近钟状,呈橘红色,有紫红色斑点,内面有突起条纹,阔卵形,有纵褶纹,外面呈橘红色,内面呈橘黄色。蒴果呈黑褐色,种子近圆形,长和宽均为1.7~2.4cm。花期为4—10月。火焰树需较高温度才能开花,冬季若遇寒流,叶片偶有变红或落叶现象,落叶后能耐受干旱,不耐风,风大枝条易折断。

图4-14　　　　　　　　　　　　图4-15
凤凰木　　　　　　　　　　　　火焰树

(3)澳洲火焰木(图4-16)。澳洲火焰木主干通直,冠幅较大,树形有层次感,株形立体感强。叶片宽大,叶互生,开花时间为4—7月,圆锥花序,花色艳红,花量丰富,盛花期一般可维持1个月至6个星期左右。澳洲火焰木喜湿润、强光环境,生长速度快,耐旱、耐酸、耐寒。

(4)宫粉紫荆(图4-17)。宫粉紫荆树高可达7m,单叶互生,长5~12cm。叶面光滑,叶脉从叶的基部呈放射状生出。花粉呈红色或淡紫色,由五块分离的花瓣组成,花瓣带红色及黄绿色条纹,花期为2—3月,通常早于新叶开放。宫粉紫荆喜阳光和温暖、潮湿环境,不耐寒,宜种在湿润、肥沃、排水良好的酸性土壤,栽植地应选阳光充足的地方。

图 4-16
澳洲火焰木

图 4-17
宫粉紫荆

（5）粉花山扁豆（图 4-18）。粉花山扁豆成年树体高可达 15m，树冠如伞，枝叶茂盛，翠绿浓郁，花色粉红，美艳芳香，花期为 5—6 月。粉花山扁豆喜阳光充足，在土层深厚肥沃、排水良好的酸性土生长良好，在贫瘠的荒山生长不良，能耐轻霜及短期 0℃ 低温。此外，其生长较快，寿命长，可在气候适宜的山地推广种植。

（6）美丽异木棉（图 4-19）。美丽异木棉树高 10～15m，成年树干基部膨大呈酒瓶状，树冠层次分明，幼树树皮呈浓绿色，密生圆锥状皮刺。掌状复叶，小叶为椭圆形。花单生，花冠呈淡紫红色，中心呈白色，也有的呈白色、粉红色、黄色等，即使同一植株也可能黄花、白花、黑斑花并存，花期为 10—12 月。美丽异木棉喜光，喜高温高湿气候，耐热、耐旱、耐风、耐瘠薄，不耐阴，忌积水，对土质要求不严，易移植，萌发力强，生长快。

图4-18
粉花山扁豆

图4-19
美丽异木棉

（7）紫薇风铃木（图4-20）。紫薇风铃木树皮呈灰白色，其表面有皱纹，通常有支柱根，树枝分布均匀。叶子呈暗绿色，长约30cm。花朵呈喇叭状或漏斗状，呈浅紫色到深紫色或紫红色，常在叶腋处形成顶生的大花簇。当温度低于5℃或冬季干旱时开始落叶，落叶同时随即进入始花期，幼树开花时有少量绿叶，成年树盛花期时几乎没有叶片，花期为3—5月。紫薇风铃木喜光，稍耐阴，生长适温为20～30℃，耐受最低温度为5℃。对土壤要求不严，能适应黏土、壤土、砂质土等多种土壤，在深厚、肥沃、排水良好的酸性土壤中生长良好。

（8）腊肠树（图4-21）。腊肠树树高可达15m，树皮呈灰色。小叶对生，呈阔卵形、卵形或长圆形，叶脉纤细，两面均明显。总状花序长达30cm或更长，疏散，下垂；花与叶同时开放，花瓣黄色，倒卵形，花期为5—7月。腊肠树初夏开花，满树金黄，秋日果荚长垂如腊肠，为珍奇观赏树，适于在公园、水滨、庭园等处与红色花木搭配种植，也可2～3株成小丛种植，自成一景。

（9）黄花风铃木（图4-22）。黄花风铃木树皮呈灰色，鳞片状开裂，小枝有毛。掌状复叶，小叶呈卵状椭圆形，顶端尖，两面有毛，叶对生，叶面粗糙。圆锥花序，顶生，萼筒管状，花冠呈金黄色、漏斗形，花缘皱曲。果为蒴果，近无毛。花期为3—4月，果期为5—6月。

第4章 景观绿化建设指引

图 4-20
紫薇风铃木

图 4-21
腊肠树

（10）大叶紫薇（图 4-23）。大叶紫薇株高 25m，小枝圆柱形，叶呈长圆状椭圆形或卵状椭圆形，花呈淡红色或紫色，蒴果为球形或倒卵状长圆形，呈褐灰色，其花期为 5—7 月，果期为 10—11 月。大叶紫薇喜高温湿润的气候环境，能耐轻霜，喜欢疏植或散生，有一定的抗寒力和抗旱力，对土壤要求不严，但以土层深厚、疏松、肥沃、排水良好的砂壤土为宜。

图 4-22
黄花风铃木

图 4-23
大叶紫薇

119

（11）蓝花楹（图4-24）。蓝花楹的小叶呈椭圆状披针形或椭圆状菱形，顶端急尖，基部楔形。花呈蓝色，花萼筒状，花冠筒细长、呈蓝色、裂片圆形。蒴果木质，扁卵圆形。花期为4—6月。蓝花楹喜阳光充足和温暖、多湿气候，根系发达，分布范围广，在土层深厚、肥沃湿润、排水良好、腐殖质丰富的疏松土壤上生长良好。

（12）簕杜鹃（图4-25）。簕杜鹃枝条常拱形下垂，花多数为3朵聚生一处，其花色多样，有淡红色、大红色、紫红色、淡黄色、乳白色、一株多色，也有单瓣与复瓣之分，花期为10月至翌年5月。簕杜鹃喜温暖湿润气候，不耐寒，15℃以上方可开花。对土壤要求不严，在排水良好、含矿物质丰富的壤土中生长良好，耐贫瘠、耐碱、耐干旱、忌积水，耐修剪。

图4-24
蓝花楹

图4-25
簕杜鹃

（13）朱缨花（图4-26）。朱缨花枝条扩展，小枝呈褐色，叶片呈卵状披针形。头状花序腋生，花冠呈淡紫红色。荚果呈暗棕色，种子长圆形，呈棕色。花期为7—10月，果期为10—11月。朱缨花喜光，喜温暖湿润气候，不耐寒，适合在温暖、凉爽和通风良好的环境生长，适生于深厚肥沃、排水良好的酸性土壤。

（14）粉花夹竹桃（图4-27）。粉花夹竹桃枝条呈灰绿色，含水液，叶面呈深绿色，无毛，叶背呈浅绿色，有多数坑洼的小点。最中央的花最先开放，花期为3—8

月。种子长圆形,底部较窄,呈褐色。粉花夹竹桃喜温暖湿润的气候,耐寒力不强,不耐水湿,要求选择排水良好的地方栽植,喜光好肥。

图 4-26
朱缨花

图 4-27
粉花夹竹桃

(15)细叶紫薇(图 4-28)。细叶紫薇可高达 7m,叶互生或有时对生,花呈淡红色或紫色、白色,蒴果椭圆状球形或阔椭圆形,花期为 6—9 月,果期为 9—12 月。喜暖湿气候,喜光,略耐阴,喜肥,尤喜深厚肥沃的砂质壤土,好生于略有湿气之地,亦耐干旱,忌涝,忌种在地下水位高的低湿地方,性喜温暖,而能抗寒。细叶紫薇还具有较强的抗污染能力,对二氧化硫、氟化氢及氯气的抗性较强。

(16)黄花夹竹桃(图 4-29)。黄花夹竹桃全株无毛,树皮呈棕褐色。叶互生,花大、呈黄色、具香味,顶生聚伞花序,核果扁三角状球形,花期为 5—12 月。黄花夹竹桃生长于干热地区,在土壤较湿润且肥沃的地方生长较好,耐旱力强,亦稍耐轻霜。

(17)角茎野牡丹(图 4-30)。角茎野牡丹可高达 3~4m,单叶对生,叶呈条形或披针形。花单生两性,花冠轮状,花瓣镶合状排列。蒴果坛状,果直径达 0.8~1cm,整株花期为 5—9 月。喜高温和强光照,其在热带、亚热带地区具有广泛适应性。喜排水良好的偏酸性土壤,在阳光充足、温暖、湿润、肥沃的环境条件下枝叶繁茂、花多、色彩鲜艳,能忍受 3~5℃低温,但不耐霜冻。

图 4-28
细叶紫薇

图 4-29
黄花夹竹桃

图 4-30
角茎野牡丹

第5章
附属设施建设指引

城市道路品质提升建设指引与实践
——以深圳市为例

第5章 附属设施建设指引

城市道路附属设施主要包括路缘石、车止石、井盖、树池、交通护栏和杆件。

5.1 路缘石建设指引

5.1.1 路缘石的定义及类型

路缘石是指连接车道(包括机动车道和非机动车道)与人行道(或绿化带、分隔带)的构件,路缘石可分为平缘石和立缘石。平缘石是指顶面与路面平齐的路缘石,起标定路面范围、使路面整齐、保护路面边缘的作用,适用于出入口、人行道两端及人行横道两端,便于残障人士通行,有路肩时,路面边缘也采用平缘石。立缘石是指顶面高于路面的路缘石,有标定行车道范围和纵向引导排水的作用。

路缘石类型见表5-1。

路缘石类型一览表(单位:cm) 表5-1

类型	立缘石			平缘石
	H 型	T 型	TF 型	TP 型
图例	(宽B、高H,顶部圆角R15,露出高h)	(宽B、高H,顶部圆角R15,露出高h)	(宽B、高H,顶部15×(B-15)斜面,露出高h)	(宽B、高H,露出高h,顶面与路面平齐)
适用范围	1. 道路中央绿化分隔带; 2. 机动车道两侧(与人行道交界处)			1. 人行道与自行车道交界处; 2. 人行道

5.1.2 路缘石设置范围

(1)人行横道两端必须设置路缘石坡道,平缘石坡道应平整、防滑。

(2)在人行道、交叉口、单位出入口、广场出入口、人行横道,以及桥梁、隧道、立交范围等行人通行位置,通行线路存在立缘石高差的地方,均应设置平缘石。

5.1.3 路缘石常用材料

路缘石常用材料及其优点见表5-2。

路缘石常用材料及其优点 表5-2

材料	优点
花岗岩	品质较好,耐用,使用寿命较长,可重复使用,颜色较浅; 热膨胀系数较小,不易变形; 化学性质稳定,不易风化,能耐酸、碱及腐蚀性气体的侵蚀; 与其他人行道铺装材料结合良好
混凝土	成本低,便于获取; 易于施工; 弧形,可预制也可现场浇筑; 成品尺寸灵活
PC(仿花岗岩石材)	品质好,景观效果类似石材铺装; 节能减排,环保降耗,高效可持续; 造价相较于石材更低,性价比更高; 节约石材资源,有利于环保

5.1.4 路缘石设计指引

不同等级路缘石常用材料及尺寸如下。

1)高等级

(1)中分带路缘石,如图5-1所示。

立缘石:300mm×900mm×550mm,高出地面300mm,埋深250mm。

平缘石:200mm×900mm×150mm。

第5章 附属设施建设指引

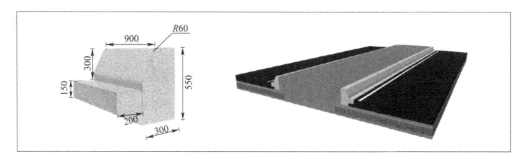

图 5-1
高等级中分带路缘石(单位:mm)

(2)主辅分隔带路缘石,如图 5-2 所示。

立缘石:200mm×900mm×450mm,高出地面 200mm,埋深 250mm。

平缘石:200mm×900mm×150mm。

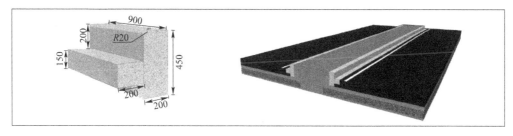

图 5-2
高等级主辅分隔带路缘石(单位:mm)

(3)机非分隔带路缘石,如图 5-3 所示。

立缘石:300mm×900mm×350mm,高出地面 200mm,埋深 150mm。

平缘石:200mm×900mm×150mm。

127

图 5-3
高等级机非分隔带路缘石(单位:mm)

(4)机非分隔带路缘石(接下沉绿地),如图 5-4 所示。

立缘石:300mm×900mm×450mm,高出地面200mm,埋深250mm。

平缘石:200mm×900mm×150mm。

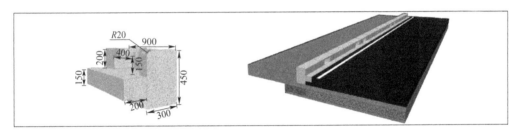

图 5-4
高等级机非分隔带路缘石(接下沉绿地)(单位:mm)

2)中等级

(1)中分带路缘石,如图 5-5 所示。

立缘石:200mm×900mm×550mm,高出地面300mm,埋深250mm。

平缘石:200mm×900mm×150mm。

第5章 附属设施建设指引

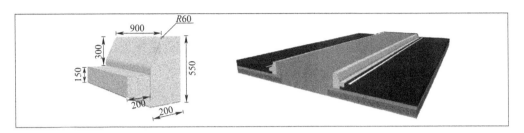

图 5-5
中等级中分带路缘石(单位:mm)

(2)主辅分隔带路缘石,如图 5-6 所示。

立缘石:200mm×900mm×400mm,高出地面 150mm,埋深 250mm。

平缘石:200mm×900mm×150mm。

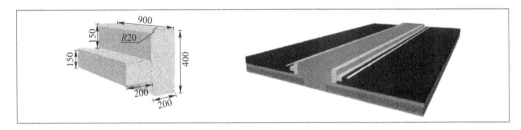

图 5-6
中等级主辅分隔带路缘石(单位:mm)

(3)机非分隔带路缘石,如图 5-7 所示。

立缘石:200mm×900mm×300mm,高出地面 150mm,埋深 150mm。

平缘石:200mm×900mm×150mm。

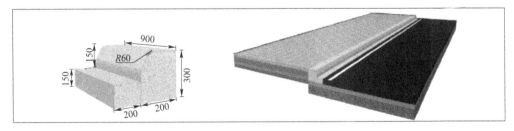

图 5-7
中等级机非分隔带路缘石(单位:mm)

(4)机非分隔带路缘石(接下沉绿地),如图 5-8 所示。

立缘石:200mm×900mm×400mm,高出地面 150mm,埋深 250mm。

平缘石:200mm×900mm×150mm。

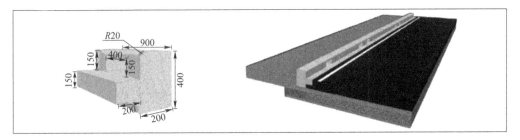

图 5-8
中等级机非分隔带路缘石(接下沉绿地)(单位:mm)

3)一般等级

(1)中分带路缘石,如图 5-9 所示。

立缘石:150mm×900mm×550mm,高出地面 300mm,埋深 250mm。

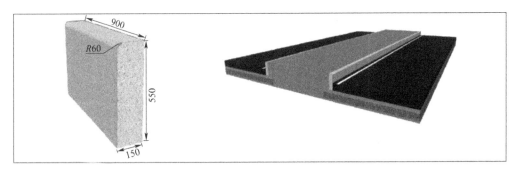

图 5-9
一般等级中分带路缘石(单位:mm)

(2)主辅分隔带路缘石,如图 5-10 所示。

立缘石:150mm×900mm×400mm,高出地面 150mm,埋深 250mm。

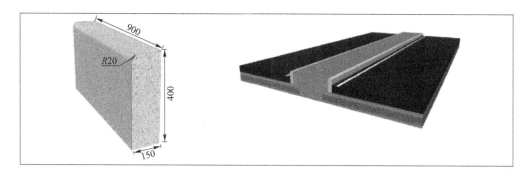

图 5-10
一般等级主辅分隔带路缘石(单位:mm)

(3)机非分隔带路缘石,如图 5-11 所示。

立缘石:150mm×900mm×300mm,高出地面 150mm,埋深 150mm。

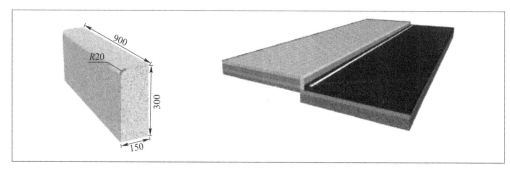

图 5-11
一般等级机非分隔带路缘石(单位:mm)

(4)机非分隔带路缘石(接下沉绿地),如图 5-12 所示。

立缘石:150mm×900mm×300mm,高出地面 150mm,埋深 150mm。

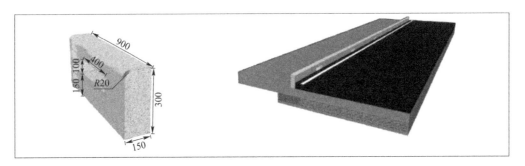

图 5-12
一般等级机非分隔带路缘石(接下沉绿地)(单位:mm)

5.1.5 路缘石设计控制

(1)障碍式立缘石可采用垂直面,高度15~20cm,适用于限速高的道路。

(2)跨越式立缘石可采用斜坡面,高度不超过10cm,适用于限速低的道路。

(3)路缘石坡道的坡口与行车道之间宜无高差。

(4)路缘石倒角弧度半径推荐2~5mm,不宜过大,否则易滑倒,形成安全隐患。

(5)路缘石长度不小于600mm,否则会导致视觉上接缝过密,景观艺术感差。根据不同道路尺度,路缘石长度宜采用600~1200mm。

5.1.6 路缘石施工控制

对路缘石进行针对性优化,可以根据曲线路段转弯半径定制弧形转角路缘石,用以替换原有直线拼砌式路缘石,如图5-13、图5-14所示。

图 5-13
直线拼砌式路缘石

第5章 附属设施建设指引

图 5-14
弧形定制路缘石

复合式雨水箅子处路缘石宜一体化定制。

出厂前应编号试铺,为避免弧形编号拼接缝隙过大,需满足如下要求:

(1)厚重石材出厂前务必编号试拼,避免缝隙过大(图 5-15),确定各种材质是否协调统一。遇到圆弧线条时需定制成品弧形材料,按照编号进行拼接,保证拼缝一致,如图 5-16 所示。

图 5-15
缝隙过大

图 5-16
拼缝一致

(2)运输需做好全方位保护措施,避免磕碰造成废料。

(3)出厂前及下道工序存在污染风险时,需采取喷洒防污保护剂、覆保护膜等保护措施。

5.2 车止石建设指引

5.2.1 车止石的定义

车止石,又被称为止车柱,是城市街道中用于限制车辆通行的小型设施,多用于过街路缘处、商业步行街两端等。为提升城市品质,建议车止石以花岗岩、铸铁、不锈钢材料为主,并考虑警示性措施。

5.2.2 车止石设计要点

(1)机动车辆驶入人行道范围,路缘石坡道等处应设置车止石或防护柱。针对自行车的车止石应采用柔性材料,针对机动车的车止石应具有防撞功能,颜色应醒目,没有照明时表面应能反光。

(2)坚固耐用、便于安装、易于维护,宜为组装式。

(3)规范、整齐、美观,降低对周边景观的影响,并与周边环境相协调。

(4)立足交通管理需求,不妨碍行人通行安全,不妨碍无障碍通行,应满足机动车通视要求。

5.2.3 车止石设计指引

1)渠化岛、二次过街岛车止石设置要求

(1)非迎车面车止石材质及尺寸:采用直径168mm、壁厚16mm的钢套筒,钢套筒内填充C20微膨胀混凝土,地面高度60cm,基础埋深80cm。可选Q355钢,表面镀锌刷漆或拉丝不锈钢外包。车止石结构如图5-17所示。

(2)迎车面车止石材质及尺寸:采用直径168mm实心不锈钢,地面高度60cm,

基础埋深 80cm。可选 Q355 钢,表面镀锌刷漆或拉丝不锈钢外包。

(3)二次过街岛及渠化岛中车止石设置净距统一采用 1.5m;设于边缘处的车止石与岛头的净距不宜超过 1.5m。

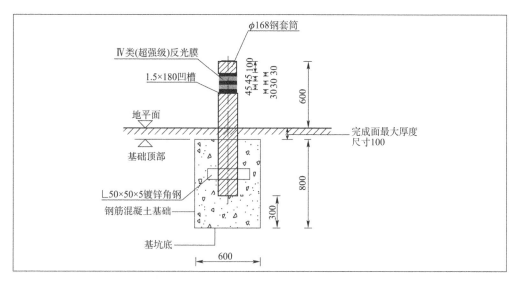

图 5-17
车止石结构图(单位:mm)

2)道路交叉口、出入口车止石设置建议

(1)花岗岩。

颜色:以石材本身的颜色(灰色、淡黄色系)为主;

造型:以圆柱形、锥形、球形为主;

常用尺寸参考:高度≥400mm,间距 800~1500mm;

应用场景:景观广场、居住区、大型户外停车场、人行道、公园等。

(2)不锈钢。

颜色:以不锈钢本身的银色为主;

造型:以圆柱形、锥形为主;

常用尺寸参考:升降柱规格(长×宽×高)500mm×400mm×910mm,升降高度 600mm,面板尺寸 600mm×600mm,升降柱直径 168mm/219mm(标配)/275mm,升

降柱体厚度6mm；

应用场景：城市交通、步行街、收费站、机场、学校、银行、大型会所、停车场等。

(3)铸铁。

颜色：以黑色、深灰色为主；

造型：以圆柱形、锥形为主；

常用尺寸参考：高度≥400mm，间距800~1500mm；

应用场景：景观广场、居住区、大型户外停车场、人行道、公园等。

5.2.4　车止石设计控制

(1)为防止机动车驶入人行道范围，路缘石坡道等处应设置车止石或防护柱。

(2)车止石和防护柱设置净距为120~150cm，与机动车道边缘净距为25~50cm。

(3)各类车止石(车挡)高度不应低于400mm。

(4)车止石间距应保持一致，以不影响行人通过为前提。

(5)车止石应按照人行道防御线排布，避免杂乱而影响通行。

(6)车止石和防护柱设置应规范、整齐，不应妨碍行人及无障碍通行，并应满足机动车通视要求。

5.2.5　车止石施工控制

(1)车止石材料质地、色泽、款式及加工工艺应严格遵照设计要求。

(2)在人行道基层施工时宜预留车止石安装坑，以散粒体填充。

5.3 井盖建设指引

5.3.1 井盖的定义

井盖是通往地下设施的出入口顶部的封闭物。检查井盖中可开启的部分,用于封闭检查井口或遮盖深井,防止人或物体坠落。凡是安装自来水、电信、电力、燃气、热力、消防、环卫等公用设施的地方都需要安装井盖。

5.3.2 井盖设计原则

(1)井盖强度、规格、材质检查等应符合《排水检查井及雨水口技术规范》(SZDB/Z 327—2018)。

(2)工程管线应避免布置在机动车道下面,必须布置时,检查井盖位置应避开车辆轮迹线,并采用可调式防沉降井盖,相关规定参考《排水检查井及雨水口技术规范》(SZDB/Z 327—2018)。

(3)可调式防沉降井盖的设置技术要求应符合《排水检查井及雨水口技术规范》(SZDB/Z 327—2018)。

(4)井盖设施应安全可靠,盖板闭合后稳定牢固,能满足与安装地点相应的交通通行要求。嵌入式消防井盖不应镶嵌铺装材料,出于安全考虑应保持可见。

(5)井盖设施应容易开启和关闭,盖板能用简单工具打开。排水系统检查井必须安装防坠落装置。

(6)井盖等地面设施应与周边环境相协调。检查井盖的安置应避免突兀,不得使用与周边环境不协调的镶嵌材料。

(7)井盖应与路面齐平,不应影响行人和车辆通行。

(8)井盖上可因地制宜个性化定制城市独特的标志。

5.3.3 井盖设计指引

1)机动车道井盖(推荐样式——可调式防沉降井盖)

(1)深圳市辖区内的主干路、次干路、支路等各类型车辆通行的城市道路均统一采用可调式防沉降井盖,如图5-18所示。

(2)在颜值核心控制区主干路、城市形象走廊道路等区域,如光明大街、大科学装置核心区等特色道路或区域宜采用带有其特色的艺术井盖。

2)慢行系统井盖(推荐样式——装饰性井盖)

(1)在人行道及设施带使用的一种井盖设施,其盖板主体为球墨铸铁的盒形结构,内部可填充使其外表与周边地面保持美观一致的材料,具有装饰性,如图5-19~图5-21所示。

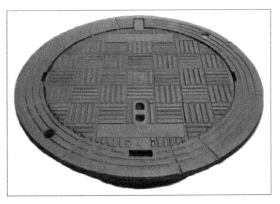

图5-18
可调式防沉降井盖

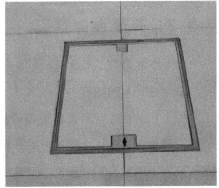

图5-19
填充式井盖

(2)在进行装饰性井盖设计时,应保证井盖边缘方向与人行道铺装方向一致,同时应尽可能保证井盖边框与周边铺装对缝铺设。

(3)装饰性井盖应首选矩形,对于圆形井口,应使用上方下圆的结构形式。

(4)装饰性井盖应标志清晰、准确,结构设计要便于运营维护,重要部位(如阀门井)应重点标注。

图 5-20
有边框装饰性井盖

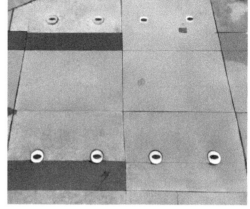
图 5-21
无边框装饰性井盖

5.3.4 井盖设计与施工控制

（1）井盖表面应有明确标志，包含检查井类型、厂家名称、权属或运维单位名称及其联系方式等信息。

（2）装饰性井盖边框纤细，不破坏整体铺装效果，整体景观效果美观。若布设在绿化带或草坪中，需在旁边设置提示标志，确保各检查井盖不被其他设施阻挡。

（3）装饰性井盖顶部凹陷部分应填充与周边环境一致的材料，以达到协调美观的效果。

（4）除装饰性井盖外，其余井盖盖板顶面应有防滑花纹。

（5）井盖设施的金属构件必须经过喷涂防锈环氧树脂或沥青漆等防锈处理。

（6）应避免突兀的检查井盖安置，不得使用与周边环境不协调的镶嵌材料，不得在检查井周围铺砌出一条砖带。

（7）井盖改造过程中，应做好对排水设施的保护，妥善处理渣土、碎石等施工废弃物，严禁直接倾倒至排水系统。

5.4 树池建设指引

5.4.1 树池的定义

树池是人行道区域内种植街道树木及其他植被的挖掘坑。在功能方面,树池提供了城市路侧树木、地被植物生长所需的基本空间,同时有着保护植物根部的作用;在景观方面,树池也是构成街道景观的重要元素。精心设计的树池不仅可以与人行道空间融为一体,也可以通过文化元素的融入、与城市家具结合等方式提升城市道路的整体品质。

5.4.2 树池设计原则

(1)树池由城市管理和综合执法局管辖,对树池的设计应遵循其相关规定及指引。

(2)除特殊情况外(如做高树池包裹榕树树根),对景观要求较高的区域,如颜值核心控制区主干路、城市形象走廊道路等,宜布设树池箅子。箅子内设圆形孔或方孔,内径 50～80cm。

(3)行人密集或人行道宽度小于 2m 的街道,一般应选用树池箅子,避免设置抬升式树池,以拓展步行空间;树池边框、箅子顶面应与人行道齐平。

(4)树池边框可采用水泥混凝土或花岗岩,边长不小于 1.25m。

(5)同一街道应统一树池样式,树池外边框、内盖板,以及覆盖物的材料、颜色、厚度应一致。

(6)树池的设计应充分考虑特定种类行道树根系的生长特点。例如,榕树根系发达,当选用榕树作为行道树时,一般不建议采用树池箅子。

(7)在人流密集、对环境品质要求较高的中心区或商业区,原则上不应采用连续树池。

5.4.3 树池设计指引

1）连续树池和独立树池

（1）连续树池。

连续树池，即彼此相连的一系列树池，它可以为树木根系提供更大的生长空间，从而促进树木的健康生长并延长其寿命，改善道路生态环境，丰富城市景观。一般应在适当的距离留出一定位置来铺装通道，便于行人通行。

①应用区域。

a.适用于以植物营造道路景观的区域或道路；

b.适用于需要有效分隔慢行空间和机动车道空间的交通性道路，以绿化分隔为行人提供安全舒适的步行环境；

c.适用于对渗水率要求较高的道路；

d.在交通性快速路、主干路上，如果人行道空间充足，应鼓励使用连续树池，以提升道路的透水功能，应对本地多雨的气候，协助海绵城市的建设，打造绿色基础设施。

②形状及尺寸。

a.连续树池一般为长方形，最小宽度为1.5m，以方便施工，且与人行道更好地结合；

b.可根据不同的道路进行设计；

c.一般要求树池边框表面与人行道齐平。

③优点。

a.为植物根系提供宽阔的生长空间，促进植物健康生长；

b.有效分隔机动车道噪声，提高人行道空间安全性及舒适感。

④缺点。

a.占地空间较大；

b.可能会阻碍行人过街。

⑤注意事项。

a.当人行道宽度小于2m时，原则上不推荐采用连续树池；

b.设计时应充分考虑行人过街的需求,留出通道为行人提供便利;

c.在人流量较大的区域,考虑使用盖板覆盖,方便行人通行,盖板材料应选轻质可透水材料。

(2)独立树池。

独立树池是人行道上最常见的树池类型,一般一个树池仅种植一棵乔木或灌木,且在人行道上相隔一定的间距进行设置。独立树池提供的营养面积小,不利于松土、施肥等管理工作,不利于树木生长和健康。在行人较多而人行道较狭窄的路段,当行道树不能连续种植时,应采用独立树池方式。为避免行人践踏树池造成土壤硬化或影响美观,独立树池应进行一定的覆盖和保护。

①应用区域。

a.适用于人流较密集、行人过街需求较高的中心区、商业区的道路及人车共享道路;

b.除特殊情况外,人行道宽度大于4m的所有人行道,至少应考虑设置独立树池(有条件的情况下可考虑设置连续树池)。

②形状及尺寸。

a.独立树池一般为正方形或长方形,以方便施工,且与人行道更好地结合;

b.除与城市家具结合的高树池及包裹榕树树根的高树池外,一般要求树池边框表面与人行道等高。

③优点。

a.占地面积较小;

b.减少人行道空间与机动车道空间的分隔感(如人车共享街区)。

④缺点。

不利于植物根系的生长和树木健康,例如,种植榕树类植物,易出现植物根系对周边铺装产生挤压破坏的情况。

⑤注意事项。

行人密集的路段,应优先考虑使用树池箅子,或者在裸露树穴处加设盖板,以最大化步行空间,方便行人通行。

2)树池保护材质

(1)玻璃钢护树板:市政工程中较为常用的护树板,具有耐腐蚀、质量轻、强度高、便于切割安装、耐老化、阻燃、安全性高等优点,但其景观档次中等,适用于人流密集的商业区、办公区、景观休闲性道路。

(2)铸铁金属护树板:铸铁金属打造的护树板,美观、稳重、稳定性好,且样式可根据设计打造,但其造价高、易丢失,适用于人流密集的商业区、办公区、景观休闲性道路。

(3)木质护树板:多采用塑木,它有着优良的抗紫外线性能,且不易热胀冷缩、质量轻、便于加工、材料环保,给人视觉上的和谐,但其造价高、易变形,适用于生活性道路。

(4)植物覆绿方式:在树池中植栽低矮地被植物,可以增大绿化面积,美观自然,但地被植物养护要求高,易被踩踏,一般适用于生活性和交通性道路。

(5)散铺材料方式:用大块树皮、砾石或卵石散铺,材料环保、可重复利用,但由于只是表面覆盖,易丢失,而且卵石不易透气,一般适用于生活性道路。

(6)预制混凝土护树板:预先浇制,便于安装、价格低廉、可塑性强且材料环保,但其自重大,面层易沾染污渍不易清洗,容易产生裂缝且养护期长(可采用纤维增强其韧性),适用于生活性和交通性道路。

5.4.4 树池设计与施工控制

(1)当人行道宽度小于3m时,原则上不应设置顶面高于人行道的树池,以免堵塞行人通行空间;若采用树池保护,则树池保护顶面不应与人行道存在高差。

(2)行人密集的道路,裸露树穴处应加盖板,材料与人行道铺装相协调。

(3)同一街道应采用同一种样式,树池外边框、内盖板,以及覆盖物的材料、颜色、厚度应一致,式样美观。树池边角齐全,压条与树穴的比例应适当,与周围环境相协调。

(4)树池箅子上安装的射灯,要考虑与树池箅子平整,安装要统一。

(5)树池箅子要考虑抗压、抗弯、抗冲击、耐热、耐寒、耐腐蚀、防移位、防滑、防盗,抗老化指标需3年以上,或者采用易维护的环保材料。

(6)树池的几何中心至路缘石外侧最小距离不得小于0.75m。

(7)当人行道宽度小于2m时,原则上不推荐采用连续树池,宜采用顶面与人行道等高的独立树池,以增加步行空间。

5.5 交通护栏建设指引

城市道路交通护栏是指设置在城市道路两侧或中央的一种交通安全设施,用于分隔车辆行驶区域、保护行人和车辆安全以及引导交通流向。

5.5.1 交通护栏设计原则

(1)深圳市道路的交通护栏设置应符合《道路设计标准》(SJG 69—2020)的规定。

①快速路和交通性主干路应按要求设置防撞设施;其两侧人行道(或自行车道)与主路机动车道之间无连续绿化分隔带时,应设置人行护栏。

②生活性主干路无中央分隔带或防撞护栏时,应在中间带设置分隔栏杆;其两侧人行道(或自行车道)与机动车道之间无连续绿化分隔带时,可设置人行护栏。

③次干路路中可设置分隔栏杆;其两侧人行道(或自行车道)与机动车道之间无连续绿化分隔带时,可依据行人或自行车流量确定是否设置人行护栏。

④支路路中不应设置分隔栏杆;其两侧人行道(或自行车道)与机动车道之间除交叉口及路段人行横道两端外,其他位置不宜设置人行护栏。交叉口及路段人行横道端部两侧人行护栏设置长度为30m。

(2)深圳市交通护栏的设计一般应符合《深圳市交通安全设施维护工程施工图设计图样》的相关规定,也可根据特殊需要进行设计。

①交通护栏的样式应与整体道路环境相协调,在设计时应优先选用港式护栏。

②交通护栏的结构形式应便于安装、易于维修,材料应环保。

③交通护栏上不应张贴广告。

④交通护栏,尤其是交叉口转弯处路侧护栏,应满足安全视距需求。当设置路侧护栏不能保证安全视距时,应采用通透型路侧护栏样式。

⑤交通护栏在符合设置要求的路段应连续设置,不应留有断口。

5.5.2 交通护栏设计指引

(1)路侧护栏——港式护栏(推荐),如图5-22所示。

图5-22
港式护栏

①材质:镀锌钢材;

②颜色:新装护栏采用本色,刷新可采用白色或《漆膜颜色标准样卡》(GSB 05-1426—2001)中的"73 B03 淡灰";

③高度:1.1m;
④长度:每片标准长度为1.5m,小于1.5m的按现场实际尺寸加工制作;
⑤基础:C30混凝土基础(40cm×40cm×40cm);
⑥设置位置:距机动车道边缘25cm。

(2)路侧护栏——德式护栏,如图5-23所示。

图5-23
德式护栏

①材质:镀锌钢材;
②颜色:新装护栏采用本色,刷新可采用白色或参考《漆膜颜色标准样卡》(GSB 05-1426—2001),选择"71 B01 深灰";
③高度:1.1m;
④长度:每片标准长度为1.5m,小于1.5m的按现场实际尺寸加工制作;
⑤基础:C30混凝土基础(40cm×40cm×40cm);

⑥设置位置:距机动车道边缘25cm。

(3)路中护栏A款:标准段,颜值核心控制区主干路、城市形象走廊道路可试点应用,如图5-24所示。

图5-24
路中护栏A款:标准段

①材质:镀锌钢材;

②颜色:新装护栏采用本色,刷新可采用白色或《漆膜颜色标准样卡》(GSB 05-1426—2001)中"73 B03 淡灰",底座采用《漆膜颜色标准样卡》(GSB 05-1426—2001)中的"50 Y08 深黄";

③高度:路段和信号交叉口处为1.1m;

④长度:每片标准长度为3m,小于3m的按现场实际尺寸加工制作;

⑤基础:活动式铸铁底座(45cm×45cm×10cm);

⑥设置位置:道路路中双黄线中间。

（4）路中护栏 A 款：交叉口段，如图 5-25 所示。

图 5-25
路中护栏 A 款：交叉口段

①材质：镀锌钢材；

②颜色：新装护栏采用本色，刷新可采用白色或《漆膜颜色标准样卡》(GSB 05-1426—2001)中"73 B03 淡灰"，底座采用《漆膜颜色标准样卡》(GSB 05-1426—2001)中的"50 Y08 深黄"；

③高度：非信号交叉口或人行开口处护栏高度应逐步降低至 0.7m；

④长度：每片标准长度为 3m，小于 3m 的按现场实际尺寸加工制作；

⑤基础：活动式铸铁底座(45cm×45cm×10cm)；

⑥设置位置：道路路中双黄线中间；

⑦过渡段高度：护栏高度从 1.1m 过渡至 0.9m，最后降低至 0.7m，其中衔接段长约 4m，下降段长约 8m。

（5）路中护栏 B 款：标准段，如图 5-26 所示。

①材质：镀锌钢材；

②颜色：新装护栏采用本色，刷新可采用白色或《漆膜颜色标准样卡》(GSB 05-1426—2001)中"73 B03 淡灰"，底座采用《漆膜颜色标准样卡》(GSB 05-1426—

2001)中的"50 Y08 深黄";

③高度:路段和信号交叉口处为1.1m;

④长度:每片标准长度为2.04m,小于2.04m的按现场实际尺寸加工制作;

⑤基础:活动式铸铁底座(40cm×40cm×10cm);

⑥设置位置:道路中间。

图 5-26
路中护栏 B 款:标准段

(6)路中护栏 B 款:交叉口段,如图 5-27 所示。

①材质:镀锌钢材;

②颜色:新装护栏采用本色,刷新可采用白色或《漆膜颜色标准样卡》(GSB 05-1426—2001)中"73 B03 淡灰",底座采用《漆膜颜色标准样卡》(GSB 05-1426—2001)中的"50 Y08 深黄";

③高度:非信号交叉口或人行开口处护栏高度应逐步降低至0.7m;

④长度:每片标准长度为2.04m,小于2.04m的按现场实际尺寸加工制作;

⑤基础:活动式铸铁底座(40cm×40cm×10cm);

⑥设置位置:道路中间;

⑦过渡段高度:护栏高度从1.1m过渡至0.9m,最后降低至0.7m,其中衔接段长约4m,下降段长约8m。

图 5-27
路中护栏 B 款:交叉口段

5.5.3 交通护栏设计控制

1)非信号交叉口护栏设置

非信号交叉口(次干路与支路交叉口)护栏设置如图 5-28 所示。

如图 5-28 所示,次干路路中护栏在交叉口视距三角形范围内高度应降低至 0.7m,降低段最小长度应符合表 5-3 规定。支路路侧护栏在交叉口人行横道端部两侧设置长度为 30m。

第5章 附属设施建设指引

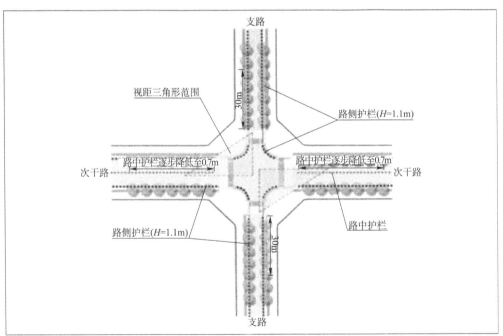

图 5-28
非信号交叉口(次干路与支路交叉口)护栏设置图(H:高度)

路中护栏降低段最小长度　　　　　　表 5-3

设计速度(km/h)	50	40	30
路中护栏降低段最小长度(m)	55	35	25

2)信号交叉口护栏设置

信号交叉口(主干路与主干路交叉口或主干路与次干路交叉口)护栏设置如图 5-29 所示。

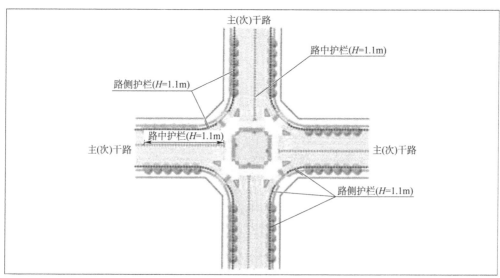

图 5-29
信号交叉口(主干路与主干路交叉口或主干路与次干路交叉口)护栏设置图(H:高度)

信号交叉口（次干路与次干路交叉口）护栏设置如图 5-30 所示。

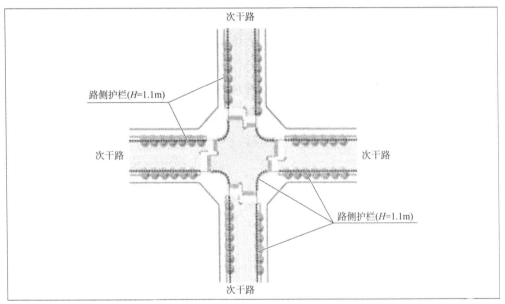

图 5-30
信号交叉口（次干路与次干路交叉口）护栏设置图（H:高度）

5.5.4 交通护栏施工控制

(1)交通护栏在符合设置要求的路段应连续设置,不应留有断口。

(2)在非全封闭路段的天桥和地道的梯道口附近无公共交通停靠站时宜在道路两边设置路侧护栏,护栏的长度不小于200m。

(3)路侧护栏的净高不宜低于0.9m,有跌落危险处的栏杆的垂直杆件的净间距不应大于0.11m。

(4)支路道路中间不应设置路中护栏,两侧人行道(或自行车道)与机动车道之间除交叉口及路段人行横道两端外,其他位置不宜设置路侧护栏。

(5)交通性主干路中间一般采用绿化带或防撞墩分隔,道路中间不设置路中护栏。

(6)人行护栏对应消火栓位置宜设置60cm×50cm开口,以方便消火栓使用。

(7)拆除主干路绿化带内交通护栏。

(8)双向6车道及以上道路无中央绿化带时,路中护栏保留,路侧护栏宜拆除。

(9)双向6车道以下次干路交叉口导向车道范围内无路中绿化带时,该范围内路中护栏保留,其余护栏宜拆除,该范围内有绿化带时,宜拆除全部护栏。

(10)双向6车道以下支路(含街坊路)护栏宜全部拆除。

5.6 杆件整合建设指引

由于建设单位和管养单位不同、设计标准不一等,目前城市道路上支撑杆件过多,交通标志、智能交通设施、路灯、安防监控、基站杆件林立,导致道路景观凌乱,且不同程度地影响行人通行。为使道路设施更好地发挥保障交通安全、促进道路畅通的作用,需要根据城市发展对道路设施进行合理、美观的设置,将各类杆件合理整合,实现精细化管养。

杆件整合,是为了合理、有序地使用城市空间,美化道路环境,对道路沿线的路灯杆、交通设施杆、路名牌、导向牌等进行归并整合,减少空间阻隔和视线遮蔽,有效提高街区资源利用率,优化空间秩序。

5.6.1 杆件整合设计原则

(1)杆件整合设置技术要求应符合深圳市交通运输局颁布的《深圳市道路设施杆件整合设计导则(试行)》。

(2)杆件整合前应对道路上的杆件进行梳理,取消不必要的杆件。

(3)同类道路设施间应先充分整合后,再与其他种类道路设施整合,如图5-31所示。

(4)在满足行业标准、功能要求、安全性能的前提下,按保留大型道路设施杆件、整合小型道路设施杆件的原则对道路设施进行整合。大型交通标志以及采用悬臂式、门架式结构的智能交通设施在杆件整合时均属于大型道路设施,杆件应保留。

(5)路灯杆件在与大型道路设施整合时应取消,在与小型道路设施整合时应保留。

(6)一般情况下,新建道路项目道路设施整合原则如表5-4所示。

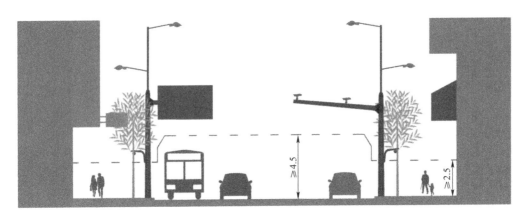

图 5-31
杆件整合示意图(单位:m)

新建道路项目道路设施整合原则 表 5-4

大型道路设施	基础杆件	小型道路设施	整合设施	合杆原则
交通标志	大型交通标志	交通标志	小型交通标志	应合杆设置
		安防监控	安防监控	应合杆设置
		路灯	路灯	可合杆设置
	限速标志、禁停标志	交通标志	路名牌	应合杆设置
智能交通设施	悬臂式、门架式信号灯和交通监控	交通标志	小型交通标志	应合杆设置
		智能交通设施	柱式信号灯、交通监控	可合杆设置
		安防监控	安防监控	应合杆设置
		路灯	路灯	可合杆设置
路灯	路灯	交通标志	小型交通标志	应合杆设置
		智能交通设施	柱式信号灯、交通监控	可合杆设置
		安防监控	安防监控	应合杆设置
		基站	基站	可合杆设置

(7)不同道路设施的整合范围如表 5-5 所示。

道路设施整合范围 表 5-5

道路设施	整合范围
应合杆设置的道路设施	在基础杆件设置位置15m范围内
可合杆设置的道路设施	在基础杆件设置位置5m范围内

5.6.2 杆件整合设计控制

(1)合杆后标牌或承载设施下缘应高出地面2.5m。

(2)单个撑杆上标牌或承载设施数量不宜超过4个。

(3)杆件整合后各种道路设施不得侵入道路建筑限界,道路最小净高应符合表5-6的规定。

道路最小净高要求一览表　　　　表5-6

道路类型	行驶车辆(行人)类型	最小净高(m)
机动车道	机动车	4.5
	小客车	3.5
非机动车道	自行车、三轮车	2.5
人行道	行人	2.5

5.6.3 杆件整合施工控制要点

(1)在满足行业标准、功能要求、安全性的前提下,合杆立柱应设在设施带或绿化带中。

(2)合杆设施的杆件、版面、设备等不得侵入道路建筑界限。

(3)合杆后道路照明评价指标不低于现行规范标准。

(4)所有合杆设施应避免互相遮挡。

(5)合杆设施的版面、设备应避免被树木、桥墩、柱子等物体遮挡,影响视线。

(6)不得利用合杆设施设立商业性广告。

(7)杆件样式应与周边道路/人行道铺装、绿化相协调。

第6章
深圳市道路品质提升典型案例

城市道路品质提升建设指引与实践
——以深圳市为例

第6章 深圳市道路品质提升典型案例

6.1 东部滨海旅游观光公路

6.1.1 项目概况

深圳东部滨海旅游观光公路位于深圳东部滨海地区,西起深盐路梧桐山隧道出口,东至大鹏半岛坪西路布新立交,途经盐田区和大鹏新区,由深盐路、盐梅路、深葵路、葵鹏路、迭福路构成,全长约41.6km。

深圳东部滨海地区紧临大鹏湾、深圳湾,三面环海,东临大亚湾,与惠州相邻,西抱大鹏湾,包括盐田区与大鹏新区370km²陆域和336km²近海海域。深圳东部滨海地区凭借独特的自然资源与深厚的人文底蕴,形成了山、海、城、文、景等各异的旅游资源,丰富多样、相互依存的资源禀赋为东部地区的旅游发展奠定了优势基础,这也是吸引旅游者的基本要素。

该项目已根据规划方案于2022年开工建设,预计2025年竣工验收。

6.1.2 规划背景

为落实《广东省沿海经济带综合发展规划(2017—2030年)》,推动发展"交通+旅游"新业态,探索绿色交通发展新模式,打造广东滨海旅游休闲新名片,促进沿海经济带发展,广东省交通运输厅发布《广东滨海旅游公路规划》,其中第二条提出滨海旅游公路要立足"交通+旅游"融合发展理念,通过纵横向特色化设计,打造贴近海岸、连通园区、串接景点、融入景观、快慢和谐、服务完善的复合型公路旅游休闲廊道,并使其具备通达滨海城镇、园区、港口、景区的公路功能。

新时代背景下,深圳市正全力建设中国特色社会主义先行示范区和全球海洋中心城市，需在更高起点、更高层次上推进先行示范。旅游发展在激发城市活力、彰显城市特色等方面发挥着重要作用，在推动"双区"引领的背景下，深圳市政府提出建设世界级滨海旅游目的地的旅游发展目标。东部滨海地区依托山海资源优势及既有的旅游品牌，成为建设世界级滨海旅游目的地的重要战略地区，在践行民生幸福、建设生态文明、实现可持续发展、彰显海洋特色等方面贡献自己的先行示范力量。

2018年10月，深圳市政府召开办公会议讨论研究东部地区旅游品质提升问题，指出开发好、利用好东部地区旅游资源是政府工作的重要着力点，要将东部地区旅游发展纳入全市旅游规划统筹考虑，围绕全球海洋中心城市建设，突显深圳滨海特色，利用好海洋资源，将东部滨海地区建设成高水平、高质量的滨海旅游胜地，打造成深圳市旅游业发展与高端旅游项目开发的前沿阵地。

深圳东部具有国际一流的滨海旅游资源禀赋，按照打造全球标杆城市的目标和建设世界级旅游目的地的要求，需要高起点规划、高标准设计、高质量建设。为进一步加强东部滨海公路与周边旅游系统的衔接，统筹东部滨海公路行车道、栈道、景观绿化等系统的建设，优化东部滨海公路的交通组织与管理，打造世界级滨海旅游观光公路，深圳市政府相关部门组织开展了深圳东部滨海旅游观光公路（即省道S360线）的品质提升工作。

6.1.3 规划目标

如图6-1所示，从东部滨海沿线交通走廊来看，盐坝高速公路与滨海旅游公路形成一主一辅的结构关系。其中，盐坝高速公路主要承担过境交通及东部景区的快速走廊功能；滨海旅游公路主要承担串联沿线景点、服务旅游自驾及慢行交通功能。

本次提升将滨海旅游公路打造为蕴含滨海魅力的湾区级旅游大道，使其成为体验深圳海洋印记的示范区旅游通廊。

（1）粤港澳大湾区的滨海旅游纽带。

《粤港澳大湾区发展规划纲要》提出：促进滨海旅游业高品质发展，加快"海洋-海岛-海岸"旅游立体开发，完善滨海旅游基础设施与公共服务体系。东部滨海旅游公路有助于完善东部山海生态旅游度假区基础设施并提升旅游服务体验，助力深圳打造大湾区滨海旅游目的地。

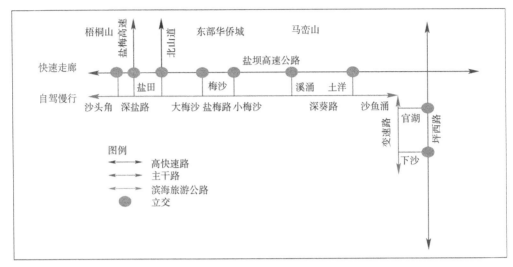

图 6-1
盐坝高速公路与滨海旅游公路—主—辅结构关系图

(2) 深圳东部滨海地区的多元旅游体验之路。

东部滨海地区具有得天独厚的岸线旅游资源,滨海旅游公路具有发展公路旅游潜质。东部地区旅游交通出行特征呈现淡季、旺季的客流波动,不同季节提供不同的自驾、地铁、公交、骑行、慢行等交通体验,打造"波谷适宜自驾、波峰便于游览"的旅游体验。

(3) 独具特色的旅游休闲走廊。

东部滨海地区以创建"世界级绿色、活力海岸带"为目标,从景点游向全域游转变,以海岸带作为陆海空间耦合的重要发展轴带,推进海岸带陆海协同发展,东部旅游滨海公路重点营造听海、乐海的滨海度假胜地及慢、静、雅的滨海生活。

6.1.4 规划方案

1) 总体方案

滨海公路沿线旅游资源各有特色,功能各有不同。为打造滨海城区、主题公园、山海景区不同旅游交通体验,一段一策,分段打造滨海旅游观光公路,差异化打造深盐路段、梅沙段、大鹏段旅游交通体验,打造"乐港城-观山海-享风情"差异化旅游交通纽带。

(1)深盐路段(梧桐山隧道出口—北山道)——乐港城:挖潜空间、向慢倾斜、节点重构、体验提升。

该路段穿越盐田区主城区,其两侧为滨海城区,对绿色出行要求较高,在保持原有车行系统功能和交通承载不变的情况下,适当压缩路段车行系统空间,优化节点交通组织,提高道路通行效率,提升慢行系统的路权,建设连续的自行车道系统,塑造舒适宜人的步行空间。

(2)梅沙段(北山道—背仔角)——观山海:慢行修复、山海纵横、节点提升、观山望海。

该路段横穿盐田梅沙片区,道路两侧分布大小梅沙及华侨城等主要山海景观。梅沙码头建设、大小梅沙升级改造等,将使梅沙片区成为整个粤港澳大湾区东部滨海旅游的一级中转地,对既有慢行系统进行修复,充分挖掘慢行空间,系统布局沿线绿化,与景观绿化相结合,打造"人车分离、漫游山海"的旅游体验。

(3)大鹏段(背仔角—布新立交)——享风情:穿山享林、增设驿站、游旅结合。

该路段穿越大鹏新区,自然生态资源丰富,以保护性开发为前提,优化路网支撑旅游产品开发,打造连续的慢行系统,增设休闲驿站,打造生态休闲文脉之旅,进一步挖掘大鹏段沿线滨海、山林、小镇、城市等多样化资源的旅游价值。

东部滨海公路从道路、栈道、驿站节点等系统着手,提升改造标准和景观品质,增加自驾、慢行和公交游客的亲海体验,建设贴近海岸、串联景点、融入生态、快慢和谐、服务完善的复合型公路旅游休闲廊道,打造粤港澳大湾区"最美滨海旅游观光公路"。根据沿线旅游交通集散特征及交通需求,滨海旅游公路行车道采用差异化断面设置形式,城区段采用双向4车道或双向6车道,山区段采用双向2车道(局部双向3车道)。慢行系统方面,全线规划海滨栈道12.6km,其中重建3.9km,新建8.7km,同步设置8个驿站。

2)车行系统改造方案

车行系统遵循安全、舒适、连通、便捷的原则,改造道路约41.6km,结合不同的交通及道路情况分段采取不同的改造措施,新建一座长达800m的隧道,串联海岸带山、城、海旅游资源,与高速公路、快速路紧密连接,实现建成为快慢和谐的旅游集散观光通道的目标。

(1)盐田城区段(深盐路段)。

深盐路横穿盐田主城区,盐田区未来将被打造成具有独特韵味、别样风情的滨海城区,对绿色出行体验提出更高的要求。随着深圳轨道交通 8 号线、坪盐通道、龙盐快速路、东部过境通道、盐坝市政化改造等工程建设的进行,路网不断完善,过境与片区交通分离,深盐路由交通性主干路转变为生活性主干路的时机已经成熟。

深盐路(沙深路—临海路)现共有 6 个信号交叉口,平均间距为 726m,为了降低深盐路现有交叉口车行压力,便于居民过街,于深盐路与马庙街交叉口和深盐路与东湾一路交叉口处新增两处信号交叉口,同时完善地面过街系统,改造后交叉口平均间距为 518m。

(2)梅沙段(大小梅沙以外路段)。

盐梅路高峰时段呈现拥堵状态,且潮汐现象明显,尤其是旅游旺季期,大量小汽车出行对片区路网造成巨大冲击,片区东西向通道交通拥堵现象频发,通过对盐梅路适当拓宽,可缓解高峰时段拥堵状况,同时提高大型车辆通行效率。

梅沙段(大小梅沙以外路段)主要对墟镇段、盐港东立交段、菠萝山段、天琴湾段和背仔角段共计 5 段进行拓宽改造,拓宽全长约 7km。具备相应条件的路段尽量向海洋一侧拓宽,必须开挖山体边坡的路段需按照安全、生态、美观的原则制订最优生态修复方案。

①墟镇段:考虑墟镇沿线的出行需求以及现状条件,向南侧拓宽至双向 4 车道。

②盐港东立交段:兼顾盐梅路自身通行需求和东港区出行需求,将盐港东立交桥道路拓宽为双向 4 车道。

盐梅路(墟镇段和盐港东立交段)规划横断面尺寸布置:15m(机动车道) + 1.5m(绿化带) +2m(自行车道) +2m(人行道) =20.5m,如图 6-2 所示。

③菠萝山段:本段存在较多山体,故将菠萝山段道路拓宽为双向 4 车道,较双向 3 车道弯道处开挖边坡量多 96%,考虑到生态保护及景观效果,推荐拓宽为双向 3 车道,中间设置潮汐车道,以适应旅游交通极为明显的潮汐特性。

盐梅路(菠萝山段)规划横断面尺寸布置:11.5m(机动车道)+1.5m(绿化带)+2m(自行车道)+2m(人行道)=17m,如图6-3所示。

④天琴湾段:天琴湾别墅群位于坡顶,故只能向靠海一侧拓宽,而靠海一侧拓宽为双向4车道的填方量是双向3车道的10.7倍,考虑生态保护及景观效果,推荐拓宽为双向3车道,中间设置潮汐车道。

⑤背仔角段:考虑梅沙片区旺季旅游出行需求,以及提高道路通行效率,利用路侧绿地和弯道处进行适当边坡开挖,将道路拓宽至双向3车道,中间设置潮汐车道。

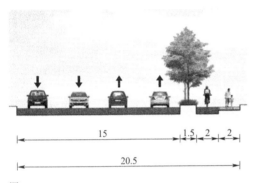

图6-2
盐梅路(墟镇段和盐港东立交段)规划横断面图(单位:m)

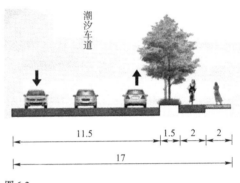

图6-3
盐梅路(菠萝山段)规划横断面图(单位:m)

(3)梅沙段(大梅沙、小梅沙段)。

①大梅沙段:为了减少人车干扰,提高车行及慢行效率,大梅沙城区段结合深圳轨道交通8号线建设,对盐梅路主线路段进行下沉改造。

盐梅路(大梅沙段)规划横断面尺寸布置:3.5m(人行道)+1.5m(绿化带)+2.5m(自行车道)+2m(绿化带)+8m(机动车道)+3m(绿化带)+8m(机动车道)+1.5m(绿化带)+1.5m(自行车道)+2m(人行道)=33.5m,如图6-4所示。

②小梅沙段:深圳市盐田区城市更新和土地整备局于2019年发布了《盐田区梅沙街道小梅沙片区城市更新单元规划》,小梅沙片区整体改造将进入实施阶段。根据小梅沙片区整体改造规划,片区开发量为现状的1.85倍,现有双向2车道已

经不能适应未来发展的需求,因此结合片区改造将盐梅路拓宽为双向 4 车道,以提高道路通行能力,缓解路段交通压力。

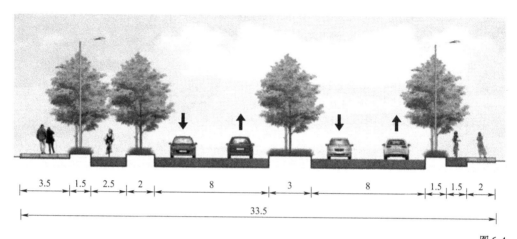

图 6-4
盐梅路(大梅沙段)规划横断面图(单位:m)

盐梅路(小梅沙段)规划横断面尺寸布置:3m(人行道)+2m(自行车道)+15m(机动车道)+2m(自行车道)+3m(人行道)=25m,如图 6-5 所示。

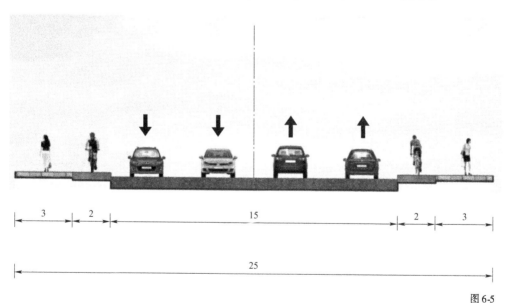

图 6-5
盐梅路(小梅沙段)规划横断面图(单位:m)

(4)大鹏段(深葵路、葵鹏路、迭福路段)。

大鹏新区将被打造成世界级滨海生态旅游度假区,以丰富的自然生态资源为基底,以保护性开发为前提,随着溪涌、玫瑰海岸、沙鱼涌、官湖、金沙湾等滨海旅游产业相继升级改造,大鹏新区岸线旅游体验将迎来质的蜕变。通过对滨海公路的提升改造,进一步挖掘大鹏段沿线滨海、山林、小镇、城市等多样化资源的旅游价值。

大鹏段串联大鹏新区内的多个景点,山区段交通压力较小,维持现有双向2车道;溪涌段、玫瑰海岸段、沙鱼涌段结合城市更新拓宽为双向4车道;土洋段结合盐坝高速公路市政化改造拓宽为双向6车道,以提升通行能力,缓解交通压力,改善运行状况。

①山区段:深葵路(大鹏湾华侨公墓—溪坪南路、溪涌路—玫瑰海岸、玫瑰海岸—土洋村)、葵鹏路(一舍大湾酒店—迭福路),以及迭福路—油草棚通道段一侧为山体,另一侧主要为海岸绿植,考虑到山区段交通需求不高,维持山区段双向2车道。

山区段规划横断面尺寸布置:3.75m(机动车道)+3.75m(机动车道)=7.5m。

②溪涌段:深葵路(溪坪南路—溪涌路)地处城区,道路两侧业态齐全,交通需求大,结合城市更新将道路改造成双向4车道,以满足周边区域未来的发展需求。

溪涌段规划横断面尺寸布置:3.5m(人行道)+1.5m(绿化带)+15m(机动车道)+1.5m(绿化带)+2m(自行车道)+2m(人行道)=25.5m,如图6-6所示。

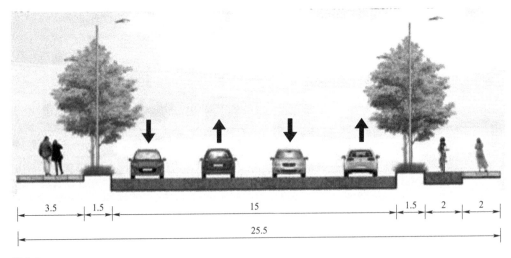

图6-6
溪涌段规划布局方案图及规划横断面图(单位:m)

③玫瑰海岸段:作为深圳市著名景点之一,以举办浪漫的海滨婚礼活动为主,也是理想的休闲度假胜地,交通需求大,结合城市更新将道路改造成双向4车道,以满足周边区域未来的发展需求。

玫瑰海岸段规划横断面尺寸布置:3m(人行道)+1.5m(绿化带)+3.5m(自行车道)+1.5m(绿化带)+7.5m(机动车道)+2m(绿化带)+7.5m(机动车道)+1.5m(绿化带)+3.5m(自行车道)+1.5m(绿化带)+3m(人行道)=36m,如图6-7所示。

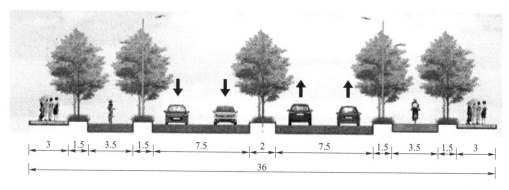

图6-7
玫瑰海岸段规划布局方案图及规划横断面图(单位:m)

④土洋段:盐坝高速公路正在进行市政化改造,此段深葵路作为盐坝高速公路辅路,一并纳入市政化改造工程,辅路拓宽改造为双向6车道,规划方案与盐坝高速公路市政化改造工程内容保持一致,将道路规划为双向6车道。

土洋段规划横断面尺寸布置:2.5m(人行道)+1.5m(自行车道)+1.5m(绿化带)+11.5m(机动车道)+3.5m(边坡)+26m(高速机动车道)+6m(边坡)+11.5m(机动车道)+1.5m(绿化带)+1.5m(自行车道)+2m(人行道)=69m,如图6-8所示。

⑤沙鱼涌段:本段规划有城市更新,且道路周边分布较多居住区,考虑交通需求及行车舒适性,本路段规划为双向4车道,并设置4m宽连续绿道以满足慢行需求,如图6-9所示。

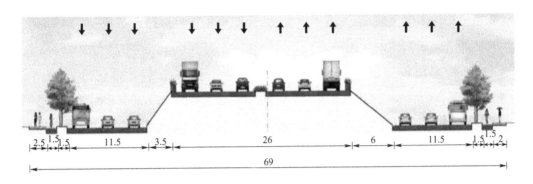

图 6-8
土洋段规划横断面图(单位:m)

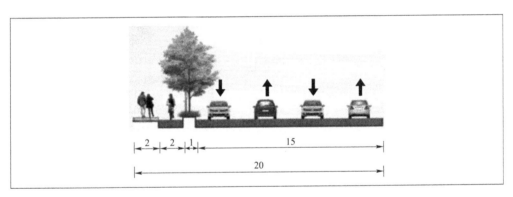

图 6-9
沙鱼涌段规划布局方案图及规划横断面图(单位:m)

(5)新建油草棚通道。

为了完善道路与景点之间的衔接,提升自驾漫游的体验,需在大鹏段终点新建双向4车道的油草棚通道与之衔接,提升路网的连通度,改善地区路网循环。

油草棚隧道利用试验区穿越生态保护区,具备建设可行性。自然保护区试验区可以开展旅游活动,建设旅游公路设施,方案需经广东省政府林业主管部门批准同意。根据深圳市政府2019年8月批准的《大鹏半岛市级自然保护区总体规划(2018—2028年)》,油草棚隧道段预留宽约95m的试验区,满足油草棚隧道建设需求。此段滨海公路功能为衔接大鹏半岛东西两翼旅游交通走廊,统筹考虑车行、骑行、慢行等旅游交通需求,同步设置车行隧道、慢行隧道和登山道。规划油草棚通道起于滨海公路油草棚,终于坪西路布新立交,通道全长2.42km,其中隧道长度800m,断面为双向4车道。

油草棚通道路基段规划横断面尺寸布置:2.5m(人行道)+2m(自行车道)+1.5m(绿化带)+8m(机动车道)+2m(绿化带)+8m(机动车道)+1.5m(绿化带)+2m(自行车道)+2.5m(人行道)=30m,如图6-10所示。

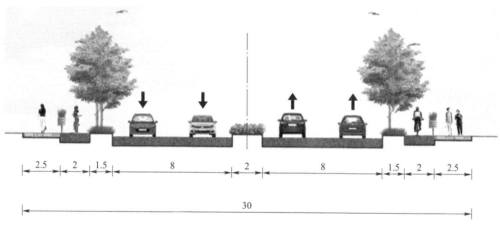

图 6-10
油草棚通道路基段规划横断面图(单位:m)

综合考虑骑行的舒适性、便捷性、安全性等因素,如图6-11所示,隧道段单侧设置宽6m的双向通行慢行隧道,满足骑行和人行需求。为提供更好的旅游交通体验,油草棚通道建设东西向登山道,登山道宽度为4m,如图6-12所示。

3)栈道系统改造方案

按照安全、人性化、亲海、防灾的原则,规划海滨栈道12.6km,其中重建台风损毁栈道3.9km,新建栈道8.7km,增强亲海体验,提升防灾能力,串联绿道与观景台,实现近海更要亲海,形成观海视觉通廊,架起通往深蓝秘境的桥梁。

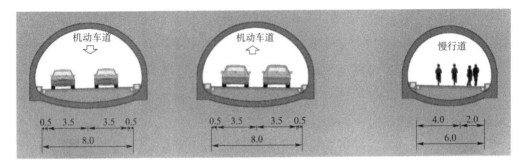

图 6-11
油草棚通道隧道段规划横断面图(单位:m)

图 6-12
油草棚登山道规划横断面图(单位:m)

景观栈道是增添场地趣味性和情调性的媒介,可以将人从一点引至另一点,起到引人入胜的轴线作用。如图 6-13 所示,栈道设计采用单臂形式,梁柱为钢筋混凝土结构,面层为高耐竹材,栈道宽 2.5m,栏杆高 1.15m。

4)节点系统改造方案

为了完善旅游多式转换,提高节点通行效率,同时为游客提供驻足、休憩、观景的空间,形成3大节点、8大驿站、5个主题区段的节点系统:改造盘山公路、梧桐山、烟墩山国际友好公园等3个节点,将车行、绿道、栈道系统有机融合,满足多种转换空间的需求;打造气象角、地质角、情人角、背仔角、玫瑰海岸、东纵纪念、花海闻香、丹霞映日等8大驿站,提升旅游文化品位,传承历史文化,从而打造城旅融合、科普教育、滨海情愫、红色传承、山林生态等5个主题区段。

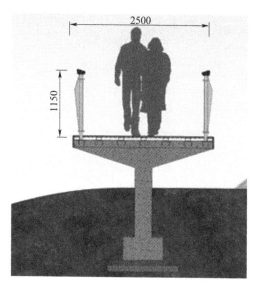

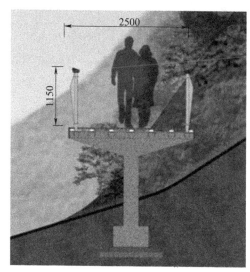
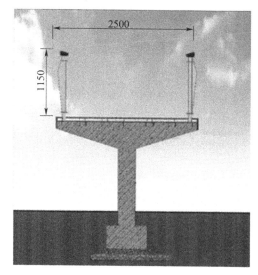

图 6-13
栈道设计效果图(单位:mm)

(1)梧桐山节点绿道贯通方案:结合城市更新、轨道建设,此段绿道设计采取立体方式,新建二层连廊,衔接城市街道、地铁站与梧桐山。

(2)烟墩山国际友好公园节点方案:此段绿道设计采取立体方式,消除铁路的分隔,新建跨平盐铁路慢行天桥和烟墩山栈道连接盐田食街慢行桥,打通深盐路前往翡翠岛综合体和烟墩山国际友好公园慢行路径,如图6-14所示。

图6-14
烟墩山国际友好公园节点方案效果图

(3)气象角驿站方案:依托现有气象观测设施,增加气象教育元素,打造集休憩、交通转换、海洋气象教育于一体的综合型旅游服务节点,增强滨海旅游的趣味性和提升文化品位,如图6-15所示。

(4)东纵纪念驿站方案:植入东江纵队历史元素,打造集休憩、交通转换、历史传承、爱国教育于一体的旅游服务节点

(5)背仔角驿站方案:挖掘地区文化内涵,融入背仔角景观改造方案之中,在

观山望海的同时,提升传统亲情文化感知。

图 6-15
气象角驿站方案效果图

5)景观设计发展指引

传统公路以交通功能为主,首要考虑交通的安全和快捷;旅游公路则承载着更为多样的使命,除交通功能外,还在宏观上串联起沿线各种旅游资源,带动沿线旅游产业的发展升级,微观上则将驾驶中的感官体验提到了更重要的位置。开车行驶在旅游公路上,一方面可以感受驾驶乐趣,另一方面可以欣赏沿线的风景、风情和风貌。因此,旅游公路景观除公路本底景观外,也包含沿线自然、人文景观,是综合的景观体系。

根据区域规划定位,整条深圳海岸线被划分为西部创新活力海岸、中部都市魅力休闲区、东部山海生态度假海岸。

基于自身条件,挖掘沿线景观差异,分段营造滨海城区、主题公园、山海景区不同旅游交通体验,差异化营造深盐路段、梅沙段、大鹏段旅游体验,一段一策,打造"乐港城-观山海-享风情"差异化旅游交通纽带。

采用林相改造的方式改造沿线林地和景观,进一步丰富旅游公路季节性特色,形成观海视觉通廊,体现热带滨海风情。同时,结合旅游观景、近海防台要求,优化现有绿植,选择合适的绿化树种、植被。

植物选择原则如下:

(1) 适地适树原则:根据不同场地条件,选择合理的植物品种,如抗风、耐盐碱的植物;

(2) 物种多样性原则:植物品种宜丰富多样,遵循主题分明、四季轮换的规律,设计多品种、多形态的绿色植物,达到生态群落多样性的目的;

(3) 生态优先原则:充分利用场地条件设计地形,根据植物生态习性,利用本地优越的植物资源,模拟植物群落关系,遵循美学原则,合理配置,打造生态、绿色的植物环境。

道路沿线以开花植物为主,植物主要选取蓝花楹、锦绣杜鹃、叶子花、凤凰木、台湾相思、美丽异木棉,打造四季有花可赏、色彩缤纷亮丽的风景线。

道路沿线以高大挺拔的植物为主,植物主要选取南洋楹、樟、人面子,打造独具岭南风情、视野开阔的观海廊道。

道路沿线以热带植物为主,植物主要选取大王椰、狐尾椰、丝葵、海枣、蒲葵,突出山影绿韵、缤纷之舞的热带滨海风情。

6) 交通组织与管理

结合东部旅游产业及旅游交通出行特征,建议未来地区旅游交通管理采取"集散组织+精细化小汽车需求调控管理"的智慧交通组织管理模式,通过智慧化的交通出行引导,结合交通承载力和景区环境容量等实施片区预约管理措施;针对游客出游时间特征配置预约名额,引导错峰出行;限定观景点停车场停车时间,提高景点停车位周转率。

为了进一步提升高效出行服务、融入智慧科技,滨海公路需实施"集散中心+预约调控+停车诱导"的组织管理模式。

(1)加快集散中心的建设。

东部滨海地区规划有盐田集散中心、大梅沙集散中心、小梅沙集散中心、葵涌集散中心、大鹏集散中心、新大集散中心等多个集散中心,方便游客乘坐公共交通、旅游大巴出行,同时也能够大大改善东部片区各景点停车难的现象。目前,大梅沙集散中心、小梅沙集散中心、葵涌集散中心、大鹏集散中心已完成选址工作,处于建设前期阶段;新大集散中心已于2016年建成临时场站并投入使用,共1677个停车位,可停放小汽车1593辆、旅游大巴84辆,并设有多条公交专线;盐田港片区需结合城市更新用地在滨海公路端头建设盐田集散中心,加强旅游旺季的车辆管控。

(2)完善停车诱导联动系统。

东部滨海景区实施预约通行措施,大大缓解了道路交通的通行压力,有效改善了交通运行状况。为了更加方便游客的出行,需完善东部滨海景区停车诱导联动系统,诱导游客乘坐非预约车辆前往滨海公路沿线集散中心换乘绿色交通方式。

6.2 光明大街

6.2.1 项目概况

光明大街位于深圳市光明中心区,项目线路起点与双明大道、华夏二路相接,由西向东,终点接入光侨路,道路全长约 2.3km,等级为城市主干路,双向 6 车道,红线宽度 51m,设计速度 50km/h。

该项目已根据规划方案于 2021 年开工建设,预计 2024 年竣工验收。

6.2.2 规划背景

光明区位于深圳市西北部,其主要目标任务为:到 2035 年,实现社会主义现代化,争创综合性国家科学中心,建成深圳北部中心。到 21 世纪中叶,建成竞争力、影响力卓越的世界一流科学城。

光明区将按照"一心两区,绿环萦绕"("一心"即光明中心区,"两区"即装置集聚区和产业转化区,"绿环萦绕"即科学城蓝绿活力环)的科学城总体空间布局,突出"绿色风、国际范、科技韵",塑造舒展起伏、疏密有度的城市空间形态,形成"北林、中城、南谷"差异化的城市风貌,建设"湖光山色入城,蓝绿活力交织"的田园都市,为市民提供优质的宜居、宜业、宜游环境。以光明中心区为依托,建设科学城的生活服务中心,充分发挥中心区的商业、居住、大型公共服务设施的集中优势,增加特色性的科学服务设施,为科学城提供优质公共服务。

光明大街是光明中心区"三横两纵"主干路网组成部分,光明大街市政工程建成后将激活光明中心区空间重构,快速完善深圳科技馆(新馆)、西方美术馆、科学公园、光明站交通枢纽等片区内重大项目设施,成为光明中心区最重要的骨干交通路网,对推动光明中心区开发建设具有重要意义。

6.2.3 规划目标

如今的光明大街,于"公"而言,是政府、金融、交通的中心,也是光明中心区"三横两纵"的第三"横";于"私"而言,它是百姓吃穿住行的集中地,是光明美食(特别是乳鸽、甜玉米、牛奶、荔枝等绿色食品构成的"光明四宝")的独特印记,也是光明区乃至全深圳人舌尖上的美味记忆。

通过交通引领、景观协同、整体塑造、完整街道、文化引领、个性突出等方式,将光明大街打造成光明区城市特色与品质的示范道路。

目标一:打造展现光明历史的文化大道。

建成深圳首条展现归侨历史的文化大道,打造具有历史风貌特色的道路设施,通过应用带历史符号与元素的景观小品,实现从光明大街看光明的历史文化、赏南洋建筑风貌的目的。

目标二:贯通城市生活的商业复兴大道。

光明大街两侧以居住用地为主、商业用地为辅,可打通人行道与建筑前区空间,充分利用街道、广场激活城市空间。

目标三:提升生活品质的生活休闲大道。

打造舒适、安全的慢行系统,获得更优质、更人性化的慢行体验。

6.2.4 规划方案

1) 车行交通设计方案

强化公共交通,鼓励绿色出行,在机动车道路权分配上,强化公交优先设计理念,设置路侧式公交专用道。如图6-16所示,通过前期比选论证,整体横断面采用5.0m中央分隔带和双向6车道的横断面结构设计,为景观协同留下充足空间。

2) 慢行交通设计方案

(1) 强化地面过街,保证两侧商业街的互联互通,实现商业步行街的规模化、集群化,进一步引导商业复兴。光明大街全线共设置7处信号交叉口,1处灯控路段过街设施,平面过街距离为300~500m。

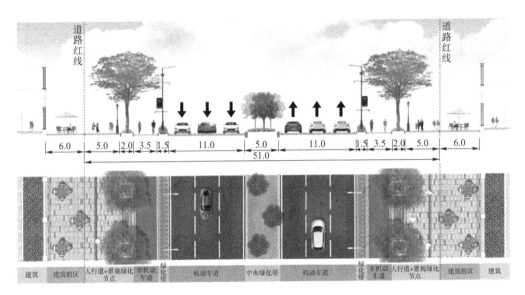

图 6-16
光明大街横断面图(单位:m)

(2)强化慢行交通。如图 6-17、图 6-18 所示,设置 6 处自行车停放点,采用 3.5m 宽自行车道,提供舒适的自行车骑行体验,在平面交叉口做到整体放坡下沉,便于行人过街,保障两侧商业街顺利连通。

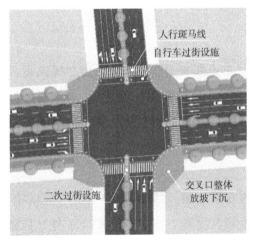

图 6-17
平面交叉口设计平面图(一)

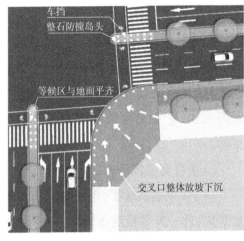

图 6-18
平面交叉口设计平面图(二)

(3) 体现南洋风情。自行车道使用南洋风格的洋红色透水沥青,立缘石造型图案提取自光明骑楼的形态轮廓,从细节上保留南洋风格。标志系统采用"标准路牌+光明大街个性指路牌"的组合方式,用具有南洋风情的附属设施指引慢行,打造具有南洋风格的生活休闲大道。

3) 景观绿化设计方案

(1) 总体原则。适地适树,因地制宜,疏密有致,和谐统一,四季有景,生态持续,通过形态色彩丰富的植物组合塑造生态多样化的自然舒适空间,延续历史上南洋风情都市的浪漫。

(2) 总体设计。整个光明大街从平面角度来看,在标准段致力于打造南洋风情生活街区的林荫大道,在中间靠近光明大街地铁站范围打造浪漫都市大街的花林大道及爆点式设计,在历史文化休闲节点处打造点缀式彩色种植,全线做到生态可持续的海绵城市涵养。

(3) 道路种植方式剖面分析。在中央分隔带选取色系相同、花期相近的不同品种开花乔木,在5m宽处组团错落种植,在2~2.5m宽处则单列种植,展现美丽花城的概念,凸显都市大街的浪漫景致;在慢行系统则重点考虑遮阴需求,并结合南洋风情,以高大的伞状树形乔木为主,如伞般伸展的大冠幅既展现了南洋街道的特色,又满足行人遮阴的需求,形成具有南洋风情的林荫大道。同时,光明大街作为一条商业复兴的大街,商业发展的引导亦尤为重要。以行驶于最左侧车道小汽车里人的视线分析,其视线高度一般达到1.5m,同侧商业街骑楼建筑上的店面招牌高度达到4.5m,汽车距离建筑大概26m,结合实际慢行系统的树种选择分支点需达到2.5~3.0m高,下层搭配低矮地被植物,保持林下空间的视线通透,以便商业引导的顺畅宣传而不受阻碍。

(4) 乔木种植。苗木选型以营造色彩丰富、充满南洋风情的都市浪漫为原则。"爆点路段"植物景观营造:选取光明大街最具历史文化内涵及商业繁荣的光明大道站两端约550m长路段,其慢行系统的乔木,选择与中央分隔带行道树同花期品种,整体色调以粉紫色系为主,让不同树种的花朵在同季节一起绽放,打造爆点植物街景,成为光明大街的名片之一。"常规路段"植物景观营造:光明大街作为生活休闲、商业复兴占主体定位之一的大街,整体慢行系统更多考虑遮阴功能,两侧慢行系统选择冠幅伸展、树荫浓密、分支点高的常绿大乔木为主,伞状树形的凤凰木具有热带植物风韵,可更好地营造具有南洋风情的林荫大道。

4) 艺术小品设计方案

在重视城市文化建设和文化遗产保护的今天,越来越多的带着浓厚文化历史特色的艺术小品出现在街头巷尾,优秀的文化艺术小品,能形象生动地反映地域文化特色。结合光明区华侨文化,在慢行绿化空间及建筑退线范围中设计相关艺术小品,充分展示光明区华侨文化,展现街道故事,整体艺术小品布置基于光明区发展历程故事线和华侨故事线。在道路沿线将建筑遗迹与构件充分展示出来,并提供构件展示详细说明,配合艺术手法,给光明大街留下最原始的历史风味,吸引行人游客驻足观赏,了解光明区历史。通过设置艺术小品,将光明大街打造成为一条历史文化大道。

如图 6-19 所示,节点一是光明社保局南侧人行道,设置了特色景墙,将拆除的建筑碎石放入石笼景墙里面,作为光明文化墙。如图 6-20 所示,节点二是光明招待所南侧人行道,设置特色铺装人行道,保留骑楼柱子等构件,并将建筑碎石等一同设置在人行道的钢化玻璃下,作为光明骑楼的旧址展示。夜间配以景观灯展示光明旧迹,确保在夜晚也能照映出历史的痕迹。如图 6-21 所示,节点三是道路的风景式公交站,采用直线型风景式公交站台,慢行道上配以大理石异形石凳,同时设置光明旧建筑构件雕塑,行人在候车的同时也能充分观赏具光明特色的历史遗迹。

图 6-19
节点一

第6章 深圳市道路品质提升典型案例

图 6-20
节点二

图 6-21
节点三

5)灯光夜景设计方案

通过夜晚的灯光,塑造光明大街街道形象,点亮街道特色风情,营造繁华商业氛围。

(1)灯光布置。在道路中央设置 LED 灯带作为氛围照明,营造绿化中的都市浪漫;在道路两侧设置智慧照明作为交通基础照明,保障通行安全;在慢行系统设置草坪灯、射树灯、庭院灯等景观照明,营造其历史文化氛围。

(2)灯具实施方案。如图 6-22 所示,智慧路灯采用深圳市统一的智慧路灯,紧跟深圳市智慧发展,致力于将光明大街打造成一条科技创新大道。

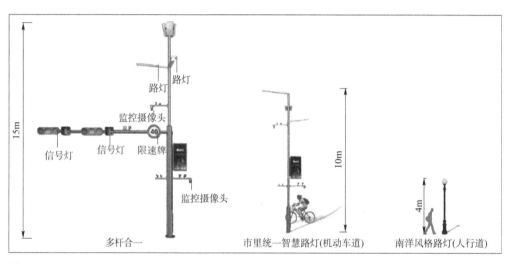

图 6-22
灯具实施方案图

参 考 文 献

[1] 魏泽崧,汪霞,孙石村.智慧城市慢行交通系统规划与设计[M].北京:中国建筑工业出版社,2019.

[2] 吴瑞麟,沈建武.城市道路设计[M].北京:人民交通出版社,2003.

[3] 过秀成,崔莹.城市步行与自行车交通规划[M].南京:东南大学出版社,2016.

[4] 英国大伦敦政府.伦敦市长交通战略[M].公安部道路交通安全研究中心,译.北京:人民交通出版社股份有限公司,2019.

[5] 海道清信.紧凑型城市的规划与设计[M].苏利英,译.北京:中国建筑工业出版社,2011.

[6] 过秀成,等.城市交通规划[M].2版.南京:东南大学出版社,2017.

[7] 上海市规划和国土资源管理局,上海市交通委员会,上海市城市规划设计研究院,等.上海市街道设计导则[M].上海:同济大学出版社,2016.

[8] 深圳市福田区城市管理和综合执法局,深圳市城市交通规划设计研究中心股份有限公司.深圳市福田区街道设计导则[M].北京:经济日报出版社,2020.

[9] 卢银桃,王德.美国步行性测度研究进展及其启示[J].国际城市规划,2012,27(1):10-15.

[10] 吕国林,张晓春.深圳市自行车交通发展策略及网络规划[J].城市交通,2009,7(3):68-72.

[11] 叶朕,李瑞敏.完整街道政策发展综述[J].城市交通,2015(1):17-24,33.

[12] 韦宝伴,张肖宁.注重人体尺度的城市道路空间[J].同济大学学报(自然科学版),2013,41(7):1040-1045.

[13] 余华刚,赵海娟,陈傲.交通静化技术在步行和自行车交通系统规划中的应用——以咸宁市旅游区为例[J].城市交通,2012,10(5):55-61.

[14] 朱小康,吴寻.非机动车廊道布局规划——以杭州市非机动车交通发展战略规划为例[J].城市交通,2008,6(4):40-46,15.

[15] 张新兰.城市步行和自行车交通规划协同策略[J].城市交通,2011(5):51-59.

［16］张娴,王剑,黄轶伦.步行系统规划初探——以上海市黄浦区步行系统规划为例[J].城市规划学刊,2008(z1):181-185.

［17］殷凤军.大城市行人交通设施系统规划方法研究[D].南京:东南大学,2007.

［18］熊文.城市慢行交通规划:基于人的空间研究[D].上海:同济大学,2008.

［19］中华人民共和国住房和城乡建设部.城市道路工程设计规范:CJJ 37—2012[S].北京:中国建筑工业出版社,2012.

［20］国家市场监督管理总局,中国国家标准化管理委员会.城市道路交通组织设计规范:GB/T 36670—2018[S].北京:中国标准出版社,2018.

［21］中华人民共和国住房和城乡建设部,中华人民共和国国家质量监督检验检疫总局.无障碍设计规范:GB 50763—2012[S].北京:中国建筑工业出版社,2012.

［22］中华人民共和国住房和城乡建设部,中华人民共和国国家质量监督检验检疫总局.城市道路交通设施设计规范(2019年版):GB 50688—2011[S].北京:中国建筑工业出版社,2019.

［23］王炜,过秀成,等.交通工程学[M].南京:东南大学出版社,2000.

［24］陆化普,石京,李瑞敏.城市交通规划案例集[M].北京:清华大学出版社,2007.